DE LA NADA AL SILICON VALLEY

Martha Niño Rodriguez

 Impreso en los Estados Unidos de América. Publicado a través de Rising Above Publishing Services.

www.risingabovepublishing.com

ISBN: 9798394868108

Artista de cubierta del libro: Aniko Balogh

COMPRAS EN CANTIDAD: Colegios, empresas, grupos profesionales, clubes, y otras organizaciones pueden beneficiarse de precios especiales al comprar este título a mayoreo.
Favor de contactar al autor en: www.marthanino.com

Choza

[CHOZA] SUSTANTIVO

cabaña o cabaña de construcción tosca.

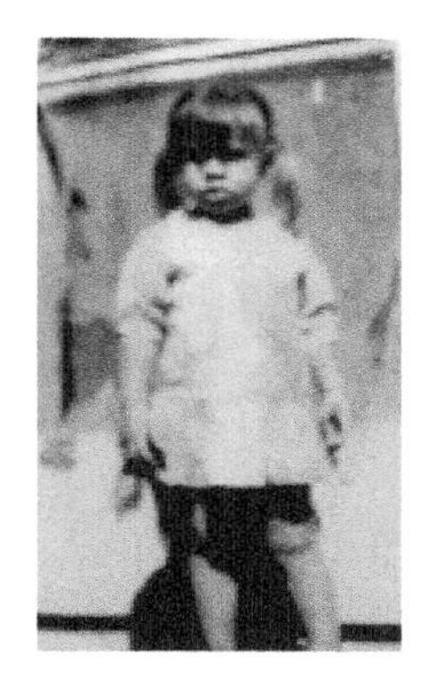

Nací en una choza en un pequeño pueblo llamado Pueblo Viejo en México – y sí que era muy viejo. También era muy pobre. Qué tan pobre? La choza se sostenía con barro y hierba; los suelos eran de tierra. No había agua potable ni electricidad. Nunca tuve una cuna. Mi cuna era un viejo cajón de una cómoda. Ser pobre en un país del tercer mundo es muy diferente a serlo en los Estados Unidos.

La educación también es diferente en México. Dependiendo de la situación, un niño puede ir muy poco a la escuela, si es que va, y verse obligado a trabajar a una edad muy temprana. Mi padre llegó hasta el segundo grado y mi madre hasta el sexto. A los pobres se les deja vivir sin educación y lo único que les queda es trabajar o formar una familia, sin importar la edad.

Mis padres se casaron jóvenes. Mamá sólo tenía 16 años y mi padre unos años más. Para sobrevivir, recogían algodón. Trabajar en el campo en Estados Unidos es duro, pero trabajar en el campo en México, bueno, es brutal. Este es el tipo de trabajo que hacían mis padres. Como puedes imaginar, sobrevivir con el mínimo de dinero o de conocimientos era definitivamente un reto. Yo no tenía ni dos años cuando mis padres decidieron que no había futuro para mí en México. Estaban a punto de tomar la decisión más difícil de sus vidas.

No, no se trataba de una aventura aérea legal y documentada que iban a realizar. Considérese afortunado si puede viajar así. Con el poco dinero que tenían, y con dinero prestado por la familia, contrataron a "Coyotes" (contrabandistas de personas) para que nos guiaran hasta el otro lado: los Estados Unidos. El plan era que mis padres caminaran por las fronteras del país, se escondieran y guardaran silencio hasta que fuera seguro cruzar. Mientras tanto, yo pasaría como la hija de una extraña (la coyote) en un coche. Ambos planes debían alinearse: la esperanza era poder reunirnos. LA ESPERANZA. Al igual que muchos de los que leen esto - usted ha tenido un miembro de la familia que comenzó la vida en un lugar diferente. Este comienzo rompió el ciclo de donde habrías estado adonde estás ahora. Seamos agradecidos. Puede que hayan llegado aquí en avión, otros en barco, otros en tren, otros en coche o, como mis padres, a pie. Fueron los primeros. Ser el primero y saber muy poco de un país extranjero conlleva sus retos, también da miedo y es muy arriesgado. Sé que Estados Unidos no es perfecto, pero para muchos es mejor y vale la pena el riesgo. Para mí, el riesgo valió la pena y mi vida es mejor, pero para muchos, lo mejor nunca sucede porque la ESPERANZA se corta.

El otro día estaba leyendo las noticias y al final de la página había un artículo. El título del artículo era: “Migrantes encontrados muertos en un camión abandonado en Texas,” más de 50 seres humanos perdieron la vida metidos en un camión. Nadie acudió a rescatarlos. Eran 39 hombres, 12 mujeres, y la temperatura exterior era de 103 grados. Estoy segura de que gritaron y gritaron, y nadie escuchó sus gritos. Atrapados en una caja metálica, no había aire ... temperaturas elevadas ... murieron esperando.

Imagínense.

Reflexionemos sobre lo afortunados que somos: que tenemos agua, electricidad ... aire. Algo por lo que mucho arriesgan su vida. Hay demasiadas historias como ésta. Lamentablemente, se ocultan, se ponen al final del periódico y se silencian.

Mi hija me preguntó sobre el caso de Texas, con lágrimas en los ojos lo único que pude decirle fue ... “Ellos son la razón por la que hablo y escribo. Yo soy ellos. Tú eres ellos.” Hay seres humanos que, a pesar de sus gritos, no pueden ser escuchados. Necesitan que otro grite por ellos. Ella asintió y comprendió.

Hablar, escribir sin tapujos en su forma más cruda es importante. Somos seres humanos que podemos añadir valor, lo único que necesitamos es que los demás vean el valor en nosotros. Necesitamos que nos abran la puerta. Una puerta puede marcar la diferencia. Una.

DEDICATORIA

He sido muy afortunada. Mis padres asumieron un riesgo que valió la pena. Querían una vida mejor para mí, y la tengo. He conseguido pasar de aquella casita de tierra en México a representar a las principales empresas tecnológicas del Silicon Valley en el mundo y lo he hecho a pesar de que: era indocumentada; vivía en la pobreza; nací de padres con una educación mínima; vivía en una casa de una sola habitación con otras ocho personas; no sabía inglés; reprobé todas mis clases; me consideraban una "mala influencia;" me echaron de la escuela; mi padre murió; y fui callada muchas veces, pero también hay otros hechos.

Hechos como: hubo buenas personas que me sentaron y me mostraron un camino; las buenas personas me preguntaron ¿POR QUÉ? para poder ayudarme mejor; las buenas personas miraron más allá de la superficie y vieron algo en mí; las buenas personas me dieron una oportunidad; entré la industria de tecnología sin yo saber de tecnología. Yo formo parte del ~2% de latinas en la industria tecnológica aprendí nuevas habilidades siendo curiosa; rompí el ciclo de la pobreza; rompí el ciclo del silencio; la gente buena y las palabras amables me hicieron sentir "segura" con todos los hechos de mi vida.

¿Cuáles son los hechos? Mirémoslos todos y apropiémonos de ellos porque han sucedido. Quitemos el tabú al DOLOR y convirtámoslo en ESPERANZA. A toda la gente buena (mis creyentes e incluso mis no creyentes) que se han cruzado en el camino de mi vida, no son un accidente. Estoy agradecido por todos ustedes. Se les puso en mi vida por una razón. Este libro es para ustedes. A mis padres, que asumieron el mayor riesgo de todos, que era nuestra vida, desde el fondo de mi corazón, les doy las gracias. Mi vida es mejor gracias a ustedes y las vidas de las generaciones que me siguen también serán mejores. Empezaron algo bueno ... este libro es para ustedes.

Para los niños que lean esto, que este libro sea una prueba de que el lugar en donde estás o has estado no define lo lejos que puedes llegar. Este libro es para ti. Para aquellos que se sienten menos - este libro es para ustedes. Para los que ven la belleza en lo roto - este libro es para ustedes. Para los millones de inmigrantes que buscan una vida mejor, para los que lo han conseguido, a los que lo conseguirán y para los buenos seres humanos que nos ayudarán a conseguirlo - este libro es para ustedes. A los inmigrantes que lo dejan todo por una vida mejor confiando en la ESPERANZA y nunca lo consiguen, porque la esperanza a veces no es suficiente, necesitamos a otros - este libro es para ustedes.

A mi familia y amigos, gracias por estar conmigo en las buenas y en las malas en este viaje de la vida - este libro es para ustedes. A mis hijas Kiana y Keila, ustedes son la razón por lo que hago todo. Crean en ustedes mismas incluso cuando alguien no crea. Si se siente bien, háganlo y no se detengan por nada. Dejen que ese buen sentimiento en su corazón sea la luz que les guíe en todo. Este libro es para ustedes. Las quiero mucho ~ Con amor, su mamá.

Disfruten de esta colección de historias cortas y reflexiones de mi vida. Son recuerdos que no he querido olvidar. Todos han sido escritos de corazón. Todos son reales y todos son sin filtros. Son historias y reflexiones de esperanza, de dolor, algunas divertidas, otras tristes, pero todas en un esfuerzo por mostrar el valor de venir de “lo diferente.” Una perspectiva del que alguna vez fue silenciado, una perspectiva de alguien que viene de otro lugar, una perspectiva de “EL OTRO LADO.”

Paz, amor y humanidad para todos.

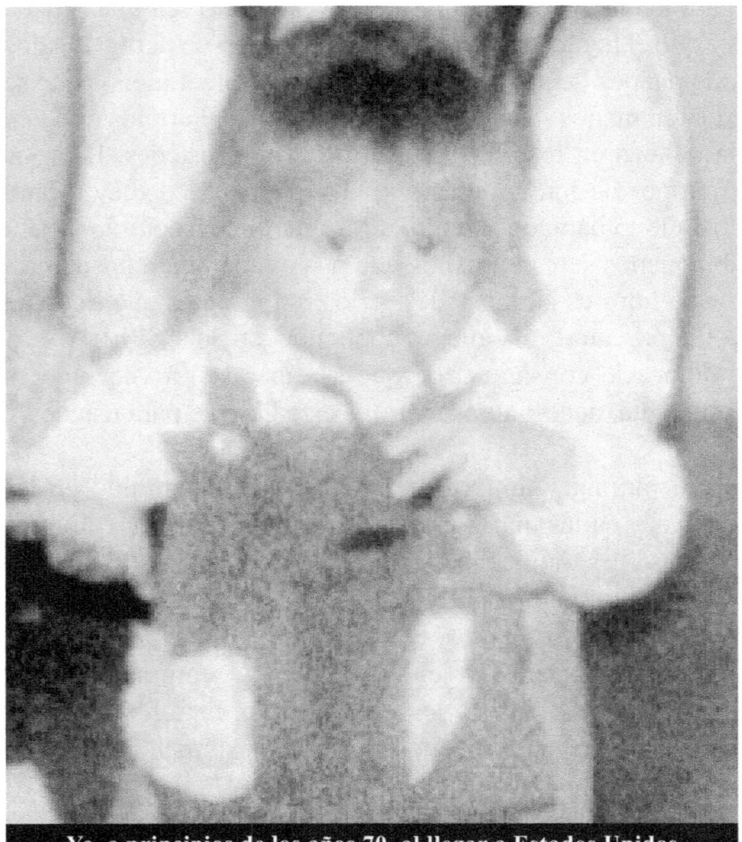

Yo, a principios de los años 70, al llegar a Estados Unidos

Sin voz

Shhhhhh

Cuando mis padres decidieron dejar atrás su vida en México, se despidieron de todos los miembros de su familia. No sabían cuándo o SI volverían a verlos.

El consejo que se les dio fue que se mantuvieran en SILENCIO y que hicieran lo que se les dijera. Shhhhhhhhhhhhh.

Los dejaron al lado de una carretera a mitad de la noche con una bolsa de plástico y sólo un cambio de ropa. El consejo fue que esperaran y estuvieran en SILENCIO y shhhhhhhhhhhhh.

Cuando empezaron a trabajar en este país, se les dijo que se aferraran a ese trabajo y que no dijeran una palabra sin importar qué o cómo fueran tratados y que no se quejaran ... shhhhhhhhhhhhh.

Estos "consejos" se transmiten de una generación a otra ... shhhhhhhhhhhhh.

Algunas de las personas más inteligentes que NO conocemos son calladas. Algunas de las personas más fuertes que NO conocemos son calladas. Algunas de las mejores ideas nunca se expresan porque somos callados eso es lo que nos enseñan a millones de personas. El silencio.

Gracias a todos los increíbles seres humanos que comprenden, que la voz tiene valor; a los que están aprendiendo las ideas directamente de los que las han vivido, a los seres humanos que permiten que nuestras historias se cuenten, que nuestras ideas se compartan en entornos educativos y en salas de junta.

Al eliminar el miedo al shhhhhhhhhhhhhh, nos volvemos más humanos los unos con los otros. Empezamos a ser dueños de nuestras propias historias y no retenemos esas ideas que de otro modo habrían sido silenciadas. No más shhhhhhhhhhhhhh. No solo por ti, sino por los demás.

El trabajo

El trabajo es el premio. El inmigrante más pobre recogerá gustosamente su fruta o sostendrá un trapeador durante horas y no se quejará. Si nos quejamos, corremos el riesgo de perder aquello por lo que arriesgamos nuestras vidas. Trabajaremos durante horas y horas porque no sólo nos has dado un trabajo, nos has dado una nueva vida. Sonríe y pregúntanos por nuestro día y seremos leales porque ahora eres nuestra FAMILIA.

Trabajar y no esconderse

Algunos le temen, mientras otros harían cualquier cosa por tener uno. Cualquier cosa. Esta es una foto de mi padre. Todo lo que él y mamá querían hacer cuando llegaron a los Estados Unidos era trabajar. Estaban dispuestos a hacer cualquier cosa. Recoger fresas era un sueño. Lavar platos era un sueño. Coser y limpiar casas eran sueños.

No tener la documentación adecuada para trabajar complicaba las cosas y los mantenía ocultos. Si conseguían un trabajo, se aseguraban de cuidarlo. Por eso, agachaban la cabeza y se limitaban a hacer lo que les decían, sin llamar la atención. Cuando recibieron sus documentos legales, sus rostros se levantaron lentamente y sus sonrisas hicieron acto de presencia. Este fue el comienzo. Estaban agradecidos. Estaban contentos de trabajar. Estaban agradecidos por poder hacerlo sin miedo a la deportación y a que les quitaran TODO. Se presentaban orgullosos a trabajar cada día. Sus sueños se habían hecho realidad: lo habían logrado.

La idea de lograrlo es muy diferente para todos. Papá sólo ganaba 7.75 dólares la hora picando verduras y frutas durante horas para que los restaurantes las utilizaran para aquellos que podían permitirse el lujo de salir a cenar fuera. En este trabajo no tenía seguro. No ganaba vacaciones. Tenía que trabajar los días festivos, pero se presentaba con una sonrisa y con su característica chaqueta de cuero porque PODÍA. No tenía miedo a la deportación. Trabajar le hacía feliz y ese era el objetivo desde el principio. Trabajar y el efecto secundario era la felicidad. A 7.75 dólares la hora, lo había logrado.

Falleció un par de años después de esta foto. Este fue su último trabajo en este país ... este fue su último trabajo en esta tierra. Fue mejor que sus sueños. Ya no se escondía y podía ser él mismo, con chaqueta de cuero y todo.

Los sueños son posibles.

En honor a todos los humildes trabajadores, los que no dicen mucho, los que, sin saberlo, han creado la posibilidad de que sus hijos sueñen con algo más grande. Seamos amables con todos los trabajadores de todos los niveles en todas partes. Únase a la diversión siempre que pueda - sea la diversión. Tenemos la suerte de tener esta oportunidad en nuestros trabajos, en esta tierra. Sonrían frecuentemente porque pueden ... y, ¿por qué no?, ponte la chaqueta de cuero.

Mi madre - la maestra

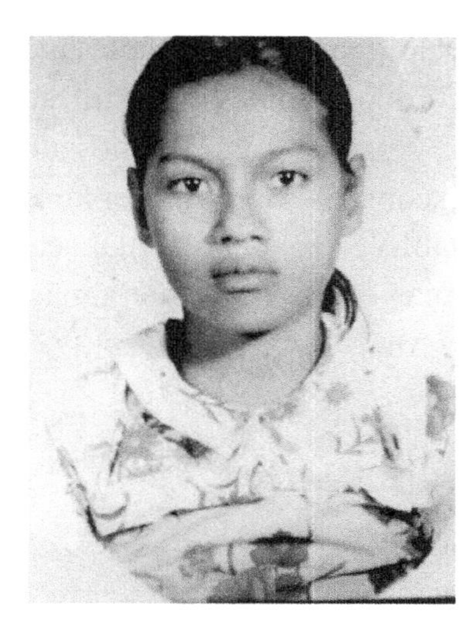

Mamá sólo tenía una educación de sexto grado porque era una mujer, así que ¿para qué más? Les rogó a mis abuelos que le dieran más estudios, pero mi abuelo le dijo que no, porque sería un desperdicio de dinero si se iba a casar pronto de todos modos. Esos eran los tiempos aquellos. Estaba destinada a ser esposa y por eso se casó con papá a los 16 años, pero siempre quiso ser maestra. Se jubiló como conserje (janitor) de una escuela hace unos años, y me cuenta que su parte favorita era hablar con los alumnos que se tomaban el tiempo mientras ella limpiaba para levantar la vista y saludarla. Se sentía tomada en cuenta. Me la imagino dejando la escoba a un lado y mirando a ese niño suavemente a los ojos, sonriendo y dándole un sabio consejo y terminando con "sigue yendo a la escuela - necesitas EDUCACIÓN para ser mejor." Ella no tenía una clase en la escuela, pero enseñaba a los niños en los pasillos y en los baños - Mamá eres una maestra.

Hablaba con los estudiantes sobre por qué la educación es buena, por qué este país es impresionante y cómo los gestos más sencillos de la gente buena importan. Sigue enseñándonos Mamá. Todos somos importantes. Levantemos todos la vista y saludemos. Veamos al ser humano. Puede que descubramos que la persona con la que acabamos de establecer contacto visual sea una de las personas más sabias e increíbles que jamás conocerás. La quiero mucho Amá.

Nuestra normalidad

No sabemos que hay otras formas hasta que nos exponemos a otras cosas. Hasta entonces, nuestra vida cotidiana, independientemente de cómo la vivamos, es nuestra normalidad.

Cerdo en la calle

No terminamos en Los Ángeles como muchos de mi familia. Mi abuelo, Pancho, había estado trabajando en una fábrica de jabones en el norte de California como conserje (janitor) y dijo que aquí había trabajo. ¿Trabajo? ¿Al norte de California? Nos fuimos. Había menos mexicanos en esta zona que en Los Ángeles. Puedo contar en sólo una mano las nacionalidades que habitaban aquí en ese momento, pero a pesar de esto, nos instalamos en el corazón de lo que ahora es el Silicon Valley. Aunque había un par de grandes empresas tecnológicas, no era ni la mitad del valle que es hoy. Había hileras de coloridos campos de flores de gladiolas, cerezos, huertos de duraznos, granjas de productos y fábricas. Bueno, eso era lo que había para nosotros.

Mi abuelo nos había conseguido un dúplex de una habitación que, en aquel momento, costaba 90 dólares al mes. Los grafitis de las paredes se pintaron rápidamente y se convirtió en nuestro hogar. Unos años después, nacieron mis hermanos Carlos y Marko. La casa se hizo un poco más apretada, pero la renta era baja, y nadie se quejaba - nadie se queja de estar logrando metas. Pasaron los años y en los días soleados los grafitis brillaban a través de la pintura, los ignorábamos, y en cambio nos concentrábamos en lo que la casa tenía. Tenía paredes, electricidad e incluso agua. En nuestra humilde casa rentada llegaron a vivir hasta nueve miembros de la familia. Mis padres nunca dijeron que no cuando se trataba de ayudar a la familia.

A pesar de la cantidad de gente, hacíamos un buen trabajo para pasar desapercibidos. ¿Qué mexicanos ni que nada? Hasta que un día, todo el mundo lo supo. Todos nos dirigimos a la casa de mi abuelo. Su casa tenía más espacio exterior que la nuestra. Al igual que su granja en México, estaba engordando cerdos que, cuando estuvieran lo suficientemente gordos, servirían para celebrar ocasiones especiales.

En una de esas ocasiones especiales, todo el mundo fue a su casa. Los preparativos de la fiesta estaban a punto de comenzar. Para empezar, se necesitaba un cerdo. Todos los hombres de la familia estaban listos para comenzar la fiesta. El cerdo no lo estaba. El cerdo se escapó y corrió por las calles, gritando y chillando. Los vecinos que nunca habíamos visto salieron de sus casas para ver de qué se trataba la conmoción. Los coches redujeron la velocidad y se detuvieron para ver cómo se desarrollaba la escena. Todo el mundo estaba confundido. Todos los hombres de la familia corrieron tras el cerdo, uno detrás de otro, tratando de evitar que la comida fuera atropellada. Mi hermano, que era un corredor rápido, casi lo alcanzó, pero se tropezó. Siempre pensé que mi hermano era rápido, pero ese cerdo era más rápido. El cerdo le pasó por encima. Sintió las pequeñas, pero poderosas, patas del cerdo pisar su cuerpo. Todos, incluido el cerdo, chillaban y gritaban por las calles del norte de California. Ya no había forma de esconderse. Los mexicanos estaban aquí.

Un postrecito y una Coca-Cola

Mi cumpleaños más memorable no incluía piñatas ni globos. La verdad es que rara vez teníamos ese tipo de cumpleaños. Llevábamos pocos años en este país y con un nuevo hermanito y todavía intentando adaptarnos a este país, el dinero era escaso. Fue a finales de marzo, y el cielo estaba oscuro, y la habitación también estaba oscura. Recuerdo estar sentada en el suelo del dormitorio de nuestro dúplex, de una sola habitación, en el que ahora dormían cinco personas junto a mi hermano Carlos, mi madre y mi padre y mi hermanito en la cuna. Mi padre había corrido a la pequeña tienda que se encontraba al otro lado de la calle. La tiendita se llamaba literalmente: "La Tiendita." Trajo dos paquetes de postrecitos marca Hostess y una Coca-Cola de botella. Me encantaba esta combinación, y él lo sabía. Mamá también corrió a la cocina para hacer su parte; prendió un cerillo y esa fue mi vela. Creo que no me regalaron nada. Esa vela aportó un poco de luz e iluminó el oscuro dormitorio. Soplé el cerillo. Allí, en el suelo, aquel día de 1978, con mi familia, todos disfrutamos de esta improvisada fiesta. Procedimos a comer los deliciosos postres mientras nos pasábamos la botella de Coca-Cola. Y así cumplí yo cinco años. He tenido muchos cumpleaños, por supuesto, pero este fue, sin duda, el más memorable de todos. Tal vez fue la capacidad de mi padre de convertir cualquier cosa en una celebración, tal vez la forma de como mi madre podía añadir luz, o tal vez fue la simplicidad de la celebración. Todos los años, intento celebrar con un postre de estos y una Coca- Cola para recordar los tiempos sencillos.

El sándwich

Crecí comiendo frijoles, arroz y tortillas. Un día antes de una excursión de primer grado, mi madre me mandó a la calle a comprar jamón, pan y una bolsa de papitas fritas (sí, las calles eran más seguras entonces). Los compré, los llevé a casa, fui a la excursión y puse ese recuerdo en el banco de la memoria. Ahora que soy mayor, me doy cuenta de que mi madre me estaba protegiendo.

¿Cómo? Sí, aunque esto era algo simple ... para ella ser diferente no era algo bueno, hablar español equivalía a algo negativo. Ser de otro país era negativo. Llevar ropa no americana ... para nada era bueno. Por lo tanto, mi almuerzo tenía que ser como el de los demás para que no se burlaran de mí: el sándwich me ayudaba a ser parte de la sociedad y pasar desapercibida. Estoy tan contenta de poder comer mi almuerzo sin importar lo que sea estos días y no tener ninguna preocupación en el mundo. Gracias, mamá, por protegerme siempre y gracias a todos los que nos invitan a la mesa sin importar lo que sea nuestro almuerzo. Por cierto, no soy muy buena para pasar desapercibida.

Gallinas brincando

Sólo tenía cinco años cuando pude recordar mi primera experiencia de ser interprete. Mis hermanos menores y yo teníamos manchas rojas que nos picaban por todo el cuerpecito, nos rascábamos y rascábamos, pero como no teníamos seguro, nuestra mamá, que no hablaba inglés, esperó hasta que fuera completamente urgente para llevarnos al médico. En el hospital, el médico se dirigió a mí y me dijo: "Dile a tu mamá que tienes chicken pox." Hice una pausa.

¿Qué es chicken pox?

No me lo enseñaron en el kinder. En mi pequeño cerebro de cinco años, pensé que chicken (era como una gallina) y pox sonaba como POP (como brincando). Así que me dirigí a mi madre con orgullo y le dije: "Mamá, tenemos gallinas brincando. Ella me miro y dijo, ¡QUE! Nunca olvidaré la cara que puso."

Amigos. Llevo más de cuatro décadas siendo la Gerente de Interpretación de mi familia. Muchos de los niños que tienen familias que no hablan inglés lo son. Y no voy a parar, aunque ahora sé lo que es chicken pox.

A mi madre le daba miedo hablar en inglés, cualquier acento podía ser una gran bandera roja y hacer que la enviaran de vuelta a su país de origen. Ella no se arriesgaba a eso. Guardó silencio durante muchos años. El por qué un niño de cinco años se convierte en intérprete y el por qué una madre guarda silencio tienen sus razones. No olvidemos que a veces tenemos que reírnos de las situaciones graciosas que pueden darnos algunas de las mejores lecciones de vida.

Pelo de tomate

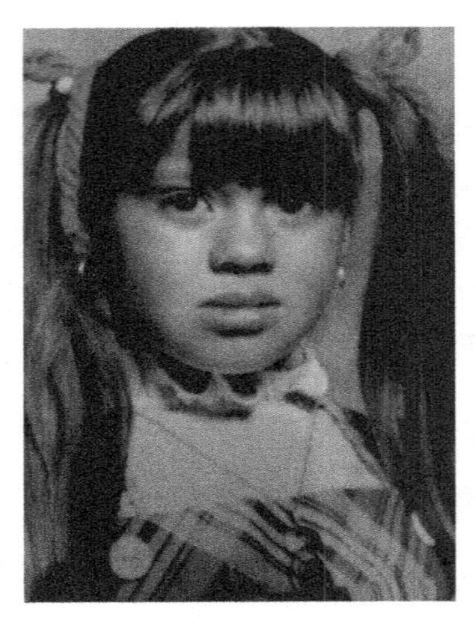

Tenía unos cinco o seis años y era pelirroja natural. Mi pelo era único y muy diferente. Mi madre estaba muy orgullosa de mí y de mi pelo. Todas las mañanas se esforzaba más antes de ir a trabajar para asegurarse de que estuviera perfecto. Hacía las dos colitas apretadas; me dolía la cara de lo apretadas que estaban. Pero nada iba a estropear mi pelo, o eso creíamos.

Para mantener mi pelo en su sitio, mamá no utilizaba laca. Utilizaba algo un poco más "orgánico." Cogía un paño fino y envolvía medio tomate o limón y exprimía el jugo sobre mi cabeza. No se rían, cuando no tienes cosas, te vuelves muy ingenioso. En minutos se secaba y listo, laca orgánica.

Se podría pensar que nada podría estropear este pelo perfectamente peinado. No es así. Todos los días, durante semanas, llegaba a casa con el pelo desordenado: una cola de caballo arriba y otra suelta.

Mamá no podía entenderlo. Hasta que le confesé que sí, que me pegaban en el patio de recreo. Temía el recreo.

Mamá nunca fue violenta, pero un día me sentó, me miró a los ojos y me dijo: "No dejes que se aprovechen de ti. La próxima vez que te falten al respeto, enséñales cómo." ¿Qué quiere decir eso de "enséñales cómo?" Luego me di cuenta de que era mi LUZ VERDE.

Probablemente debería haber sido más específica porque al día siguiente durante el recreo no me agaché y no me dejé pegar. Di todo lo que tenía y "eduqué" a la niña - su pelo estaba hecho un desastre. Su madre se enfrentó a mi madre - para sorpresa de mi madre, admití con orgullo mi crimen (no miento). Mamá estaba muy avergonzada pero secretamente orgullosa, eso me gustaría pensar. Esa persona nunca más se metió con mi pelo rojo arreglado por jugos naturales.

Siempre hay gente que querrá vernos abajo. Personas que se sienten mejor con ellos mismos haciendo que los demás se sientan menos que ellos. Gente que confunde nuestra amabilidad con debilidad. Gente que se siente poderosa haciendo que los demás se sientan menos poderosos. Esto está mal. Todos deberíamos saber que su maldad no es un reflejo de nosotros, sino de ellos. Lamentablemente, he conocido a gente así toda mi vida: de 5 años o 45 años.

Depende de nosotros ponerle fin. DECIR ALGO.

Todos deberíamos tener límites. Todos deberíamos tener límites, pero no nacemos sabiendo reconocer cuándo o cómo tratarlos. Hay que enseñarnos que a veces es suficiente. Gracias, mamá, por ensañarme a defenderme, aunque esa vez me haya pasado un poco.

Que todos tengamos la fuerza para hablar y decir "no más."

Una rama y una lata

Crecí humildemente, pero no fue hasta que fui mayor cuando me di cuenta de que era pobre. Antes de eso, la vida era simple. Era lo único que conocía. Mis padres hicieron todo lo posible para no llamar la atención a lo que no teníamos. Con el paso de los años, recuerdo las humildes vacaciones que pasé mientras crecía. Nunca tuvimos un árbol de navidad de verdad. Incluso hubo un año en el que mamá cortó una punta de la rama del pino y la puso en una lata de café, y así, al instante, la Navidad. Nuestros regalos eran humildes. Mi hermano pidió un año un bate de béisbol y mamá, sin saberlo, le regaló uno de plástico rojo. Hasta el día de hoy todavía se acuerda y llora, pero nunca le ha dicho nada a mamá, eso no es importante. Mis padres hicieron lo que pudieron y, aunque algunas navidades fueron de "lata de café," siempre hemos hecho una cosa constante: si podemos, nos reunimos. Todos nos dirigimos a la casa de mamá el 24 de diciembre para celebrar en familia y desenvolver los tamales caseros, el regalo anual de mamá, y eso supera cualquier bate de béisbol que podamos pedir.

Hoy en día tengo un hermoso y gran árbol en mi casa, y muchos regalos, pero nunca olvido aquellas Navidades en las que una rama y una lata eran más que suficientes. Celebren lo que celebren, coman lo que coman, recuerden lo que es importante y disfruta y saborea el momento.

Toby, el hombre invisible

Toby paseaba por nuestro pequeño pueblo cuando éramos niños - no tenía casa. Ni siquiera estoy seguro de que Toby era su verdadero nombre. Tenía un andar tranquilo y constante, nunca decía nada y nunca hacía contacto visual. Dormía bajo el puente de cemento junto a nuestra casa, y no molestaba a nadie, ni nosotros a él. Nunca le vimos borracho, ni pedir comida o dinero; simplemente lo dejábamos en paz y él a nosotros. Aunque lo veíamos, era invisible.

Un día, en uno de sus paseos, con una distancia prudencial, extendió en su mano derecha una bolsa de plástico transparente que contenía cuatro de las manzanas más grandes, rojas y brillantes que jamás habíamos visto. Las cogimos y corrimos a casa para contárselo a mamá. Hasta hoy, mis hermanos y yo recordamos este momento. Nos confundió porque nos estaba dando algo a NOSOTROS y no al revés. Era un símbolo de paz y con cuatro manzanas un hombre sin hogar se hizo VISIBLE ese día. Un momento de "yo existo." Toby dejó de ser un hombre invisible para convertirse en un tranquilo ser humano sin hogar. Pasaron los años y siguió caminando por nuestro pequeño pueblo, cada año más lento mientras nosotros éramos más rápidos. Aunque nunca le hablábamos, ya no evitábamos el contacto visual. Lo saludábamos cuando lo veíamos, él nos devolvía el saludo y eso era todo. ¿Manzanas? Quién lo iba a decir.

VISIBILIDAD qué gran regalo.

Al "Boliche" con estilo

Mi padre solía llevarnos religiosamente a tres lugares los domingos: "la pulga," la tienda Thrifty's por una bola de helado de 15 centavos y al boliche. Hoy quiero contarles una historia sobre el boliche. Recuerdo que la primera vez que papá dijo "vamos aquí." Mis hermanos y yo nos sorprendimos. No crecimos con "deportes" en nuestra familia, aparte de los partidos de Lucha Libre de los sábados por la noche, así que para él llevarnos al boliche era algo grande. Ni siquiera estoy seguro de cómo sabía de él.

Recuerdo que entramos por primera vez, sin saber qué esperar. ¿Vamos a jugar? ¿Cómo jugamos? Olía raro. Los zapatos eran graciosos, pero nos dejamos guiar por papá. Sentíamos las miradas. Nuestra ropa de iglesia no se veía como la ropa informal que llevaban los demás, Pero seguimos entrando. Procedió a poner un billete en una máquina de monedas y nos dio a mis hermanos y a mí algunas monedas. Eran los años 80, así que el Pac-Man y el Air Hockey eran lo popular. Jugamos juegos que no eran de boliche hasta que se acababan las monedas. Nunca nos acercamos a un mostrador para jugar una partida de boliche de verdad. Durante una o dos horas, no nos importaba nuestra ropa ni las miradas. Sólo jugábamos.

Aunque muchos dirían que este tipo de salida no era ideal, que nuestra ropa no era la ideal, mirando hacia atrás, era ideal para NOSOTROS. A medida que me he ido haciendo mayor, me he dado cuenta de que diferentes situaciones funcionan para diferentes personas, y nadie debería juzgar. Nunca se sabe cuál es la situación de nadie ni por qué. Papá sólo buscaba mezclar las actividades que hacía con sus hijos. No sabía nada sobre zapatos de boliche, de puntaje o de repuestos. Lo único que sabía es que tenía un par de horas libres los domingos después de la iglesia y que, si ponía un billete en una máquina, sus hijos se divertirían un poco. Gracias, papá, por sacarnos los domingos, por los viajes a la pulga, el helado, y por dejar un recuerdo en mi mente que me hace ver los lugares de boliche y las familias con ropa elegante de forma completamente diferente. Las maquinitas de los ochentas eran NUESTRO deporte, el Pac-Man era NUESTRO juego, y el hockey de aire era NUESTRO también, y sí que nos veíamos bien jugando. Funcionaba para NOSOTROS. Y punto.

El otro día pasé por ese lugar de boliche cuando volvía de la tumba de mi papá. El boliche ya no estaba ahí. Mi papá tampoco estaba aquí. Pensé, si a papá le hubiera importado lo que los demás pensaran en el boliche, nunca hubiera tenido estos recuerdos. Nunca te preocupes por lo que los demás puedan decir o pensar. Si te sientes bien, sigue "entrando" e ignora las miradas y los comentarios. Si te funciona a ti y a los tuyos, eso es suficiente. Hazlo y hazlo frecuentemente.

Todo en la vida es temporal. Los trabajos, las peleas de Lucha Libre, las maquinitas, los juegos de boliche, los helados y, sí, incluso nuestros padres. Disfruta de todo ello mientras esté presente. Aprecia el tiempo porque nunca sabemos cuándo la máquina de la vida se queda sin monedas.

Bus 26

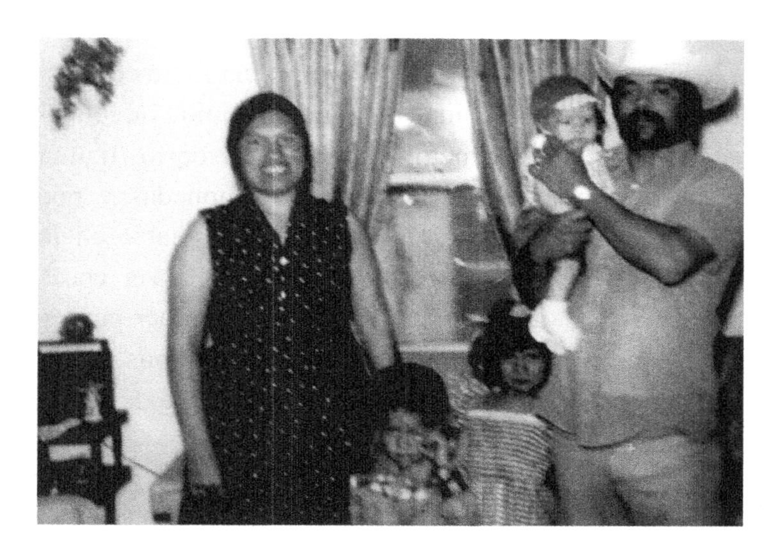

Inmigrar a un nuevo país es difícil, la comida, el idioma, las costumbres. Papá estaba acostumbrado a que las mujeres hicieran cosas de esposa. Es lo que veía en México, y se sentía cómodo con eso aquí también. Es lo que él conocía. No era su culpa. Mamá también estaba bien con eso hasta que un día ya no lo estuvo.

Le pidió a papá que nos llevara a la tienda para salir de casa y él le dijo que no. Ella no dijo nada, pero eso la consumía. ¿Iba a sentarse allí y tener que pedirle permiso cada vez esperando que él dijera que sí? ¡NO! Esa semana mamá empezó a investigar, preguntando a las vecinas esto y lo otro. Llegó el fin de semana, nos arregló, nos agarramos de la mano, caminamos hasta la parada del autobús y esperamos el autobús número 26.

Llegó el 26, las puertas se abrieron hacia fuera como si nos dieran la bienvenida (imagine un sonido angelical aquí ahhh). El conductor del autobús sonrió, mamá puso unas monedas en esa cosa de monedas y nos fuimos. ¿Así de fácil? ¿No tuvo que quedarse en la casa? ¿No tenía que pedir permiso? Podía ver cosas y lugares nuevos. Sólo tenía que dar el primer paso y desearlo, investigar un poco y ¡pum! El autobús 26 era la libertad. No volvió a "esperar" un sí y papá dejó a su mariposa ser.

Bolsa de basura impermeable

Cuando no conoces otra forma, simplemente es así. No me extraña que otros que conocían otras formas me miraran "de reojo". De lado era mi normalidad. Cuando éramos niños, mamá nos acompañaba a la parada del autobús al final de nuestra calle. Se diría que íbamos de un lado del mundo a otro. En nuestro lado, casas que se caían, sin aislamiento, pero junto a la parada del autobús había casas con timbres y calefacciones de lujo.

Una mañana, antes de ir al a la escuela, cayó una gran tormenta. ¿Cómo íbamos a llegar al otro lado? Mi madre pensó rápido, cogió unas bolsas de basura negras, cortó un pequeño agujero para la cabeza y los brazos y nos pusimos en marcha. No pensamos en nada más que en estar secos. Entré en el autobús e inmediatamente percibí murmullos y sentí miradas. El conductor del autobús gritó "¡¡¡SILENCIO!!!", y seguimos. No tenía ni idea de que lo que llevaba puesto me etiquetara.

He resistido duras lluvias, pero no lo he hecho sola. Estoy agradecida por los hermosos seres humanos que me protegieron de las tormentas, los susurros negativos, las etiquetas y agradezco a los que me ayudaron a llegar al otro lado. Estoy aquí gracias a ustedes. No utilicemos nuestro tipo de impermeable como juez para nadie. A veces no conocemos toda la historia. Considera al sol después de todo, ¿no acabamos todos juntos en el autobús escolar de la vida de todos modos? ¡Con impermeable o sin él!

Lágrimas de oro

Cuando tenía siete u ocho años, mamá trabajaba en una empresa de flores ganando un par de dólares por hora. En nuestra cultura familiar, era tradición comprarle a tu hija joyas de oro cuando te sentías exitoso y te sentías que estabas logrando tus metas.

Mamá cortaba las espinas de las rosas y los pétalos muertos de las fl ores. En aquella época, no teníamos papeles legales. Compartíamos nuestra casa rentada de un dormitorio con media docena de personas. No hablaba inglés, pero mi madre se sentía exitosa.

Ahorró unos 50 dólares para comprarme estos aretes hace cuatro décadas; se llaman Lágrimas de Oro. Qué nombre tan bonito y, sinceramente, una gran metáfora de la vida de cualquiera que se esfuerce por salir adelante. De joven rara vez me los ponía porque no lo entendía. Ahora me los pongo seguido en honor a su sacrifi cio. Cuántas veces le cortaron esas espinas para que ahorrara lo sufi ciente. No puedo ni imaginarlo. El éxito puede ser tan simple. Si alguna vez ven a una niña con joyas de oro, sepan que hay una mamá orgullosa de sentirse exitosa detrás de ella, una mamá que pudo.

Llevé con orgullo estos aretes la primera vez que hablé en público. Mamá me los vio puestos en un escenario: el dinero de las fl ores había dado sus frutos. El éxito: qué sensación tan hermosa. Sí, el éxito es un sentimiento. Un sentimiento de que sí se puede.

Queso gratis

Como familia indocumentada, no teníamos acceso a la ayuda, lo sabíamos. Con nuestra renta de 90 dólares al mes y los gastos mensuales de 60 dólares, mis padres se apresuraban a trabajar en cualquier lugar ganando el salario mínimo para ayudar a pagar lo necesario para vivir. De vez en cuando, nos sobraba algo y nos íbamos a la segunda y, si teníamos suerte, por 25 centavos conseguíamos una pequeña bolsa de plástico llena de juguetes viejos de segunda mano. ¡Lo mejor del viaje!

En cuanto a la comida, mi madre era creativa y no desperdiciaba nada. Todavía puedo oler los tomates frescos que cultivaba en cualquier pedazo de tierra que encontraba. De vez en cuando, las escuelas locales hacían anuncios de queso gratis sin preguntar sobre el estatus legal para conseguirlo. ¿Qué? ¿Queso gratis? ¿Sin preguntas? Sí. Era un bloque de cinco libras de amarillez que para nosotros se sentía como un bloque de oro. Durante semanas la creatividad de mamá se exhibía en la mesa de la cocina: enchiladas de queso, tacos de papa con queso, "chilaquiles" con queso, cualquier cosa con queso y todo con queso.

Afortunadamente, nadie tenía alergia lactosa. Hasta el día de hoy, siento amor por el queso amarillo y aprecio por los padres que hacen lo que deben. Convertir un bloque de amarillo de nada en una experiencia que lo signifique todo, es pura magia. Gracias, mamá, por no dejarnos sentir nuestro "estatus," pero sobre todo por dejarnos saborear nuestra libertad una y otra vez.

Con calma y constancia - no siempre

Cuando era pequeña, fuimos a un festival. Era uno de esos eventos tipo "saco de papas" en el que hay montones de juegos para niños. Uno de los juegos era una especie de carrera. Todos los niños debían ponerse en fila, uno al lado del otro, con una cuchara de plástico, con la agarradera en la boca y el lado de la cuchara sosteniendo un frijol. El que llegaba a la meta sin que se le cayera el frijol primero ganaba. Yo era una corredora muy rápida, ¡creía que tenía el juego ganado!

El locutor gritó: "En sus marcas, listos, ¡YA!". En ese momento mis habilidades para correr salieron por la ventana y mi rasgo perfeccionista hizo acto de presencia. ¡¡¡UGH!!! Fui, pero en lugar de usar mis piernas para correr lo más rápido posible, me dirigí al final muy lentamente. No iba a soltar el frijol por nada del mundo. Sin embargo, ese no era el verdadero objetivo de este juego. Todos podíamos llegar a la meta sin dejar caer el frijol (eventualmente), pero sólo unos pocos podíamos utilizar nuestras habilidades para correr y tener más posibilidades de ganar. Yo tuve la oportunidad y no la aproveché.

Aprendí que la lentitud y la constancia no siempre ganan la carrera, PERO hay momentos en los que ir lo más rápido que se pueda, usar lo que tenemos y no mirar atrás es absolutamente la estrategia correcta. No hay que pensar demasiado, sólo hay que ir. En nuestro afán por tenerlo todo bien, todo controlado, todo perfecto, podemos acabar quedándonos atrás y perder oportunidades. Los que compiten contigo pueden ser los que van a ganar.

La edad no es más que un número

Mi padre quedó huérfano a los ocho años y nunca tuvo una bicicleta, pero me enseñó a montar una. Era una vieja bicicleta oxidada de 10 dólares, de la pulga. Apenas podía sentarme porque era demasiado grande para mi cuerpo y crujía, pero no importaba. Él sostenía el respaldo del gran asiento mientras yo pedaleaba y, cuando dejó de tambalearse, me soltó: yo ya estaba lista. Él estaba muy orgulloso.

Un día, se armó de valor y me pidió que le enseñara a montar. Yo tenía unos 11 años, él 36. La bicicleta estaba cada vez más oxidada y seguía haciendo más ruido, pero tenía la altura perfecta para él. Nos colocamos en medio de la calle, yo sujeté el respaldo del gran asiento, él pedaleó, hasta que ya no tambaleaba y lo solté: él estaba listo. Yo estaba muy orgullosa.

Se acercaba su cumpleaños y quería sorprenderlo. Había ahorrado algo de dinero por mi ruta de periódico. Todavía recuerdo la sensación al colocarla delante de la puerta. Papá no podía creer que esa bicicleta nueva, roja y brillante que tenía delante fuera suya. Aquel día se veía como un niño feliz de ocho años. Iba con esa bicicleta a todas partes, con la frente en alto y muy orgulloso.

Ha pasado mucho tiempo, pero este recuerdo vive en mi mente tambaleante, y no puedo dejarlo ir. Recuerda siempre las pequeñas cosas, recuerda enseñar. Ninguno de los dos éramos aprendices o maestros convencionales, él no dejó que mi corta edad fuera un obstáculo, y yo no me bloqueé porque él fuera mayor. Los humanos para los humanos. Y punto.

Científica de huevos

Siempre me ha gustado la ciencia, pero por desgracia, debido a la falta de recursos, nunca pude participar en ferias científicas. Cuando la profesora mencionó la feria de ciencias, supe que no era para mí. No podía correr exactamente a la tienda de arte y artesanía: Michael's, a comprar cartulinas, marcadores, y definitivamente no tenía los medios para crear un volcán que explotara.

Sin embargo, un día el profesor de ciencias pidió a todo el mundo que ideara una forma de lanzar un huevo desde el tejado de la escuela sin envolverlo en ropa, pero utilizando únicamente los materiales que tuviera en casa. La persona cuyo huevo sobreviviera, ¡ganaba!

¡Oh, Dios! No tenía nada en casa. No teníamos un garaje con materiales. No había caja de útiles, ¿ahora qué?

¿No era esto para mí también? Yo tenía unos 10 años en ese momento y tenía una ruta de periódicos. Cuando llovía, metía el periódico en bolsas de plástico. Las bolsas eran el único suministro extra que tenía, ¡y no llovía! ¡Aleluya! Esto es lo que hice. Llené de aire unas tres o cuatro bolsas largas y até los extremos. Coloqué el huevo entre todas las bolsas y envolví la cinta con fuerza alrededor de las bolsas. Eso es todo. Le dio protección al huevo y con las bolsas infladas pensé que eso debería dar suficiente rebote para mantenerlo entero o al menos esa era mi esperanza.

Era el día del concurso. Vi los experimentos de huevo de todos. ¿Qué es esto, huevos en paracaídas? Sé que muchos salieron y compraron suministros de lujo.

El concurso comenzó y los proyectos de los huevos empezaron a caer del techo de la escuela. Uno se rompió, luego dos, tres, y así sucesivamente. ¡Qué desastre había hecho ya el concurso! Era mi turno. La profesora nunca había visto un experimento de bolsa de papel de periódico. Respiré profundamente y cuando el huevo protegido por el plástico cayó

¿Adivinen qué? ¡¡¡¡¡No se rompió!!!!!

Nunca me presenté a una feria de ciencias, pero ese día gané el concurso de ciencias. Con tan sólo algunas bolsas de plástico y cinta adhesiva. ¿Quién lo hubiera pensado? A veces, los que tenemos menos recursos nos vemos obligados a ser increíblemente creativos. Nuestra forma de resolver los problemas puede ser diferente a lo que nunca hayan visto. Quizá sea lo que necesitas. Ser ingeniosos es una práctica diaria para nosotros. Para mí esta habilidad ha sido enorme en mi carrera profesional. Cuando los presupuestos son ajustados, cuando tenemos que hacer mucho con poco, esto es lo mío. Cuando consideres el talento, ten en cuenta el valor de los que vienen de lugares con menos recursos, los que se vieron obligados a hacerlo de alguna manera.

Los proyectos de tipo huevo no aparecerán en un currículum vitae, pero ten en cuenta que influirá en tu trabajo y que incluso podrían superar tus expectativas.

El volante

¿Recuerdas cuando eras niño y traías a casa volantes de la escuela para el fútbol, la música y el atletismo? Yo sí, pero con mis padres que apenas ganaban el salario mínimo, aprendí rápidamente que esos volantes no eran para nosotros y que iban a parar a la basura una y otra vez. Aunque corría más rápido que la mayoría de los niños no podía practicar atletismo ni fútbol. Me encantaba la música, pero nunca pude apuntarme en una clase. Simplemente sabía que debía tirar ese papel. Excepto una vez.

Un papel amarillo y brillante con letra negra que decía: "Clases de arte después de la escuela a $20". Me pregunté si el coste era de 20 dólares, lo dudé. Seguramente, podríamos reunir esa cantidad, ¿no? Le rogué y le rogué a mis padres y después de mucho rogar, me sorprendió que mamá finalmente dijera que sí. ¿Así de fácil? Iba a poder quedarme después de clase como un niño "normal". Dibujé esto y aquello y luego la clase terminó. El instructor nos pidió que no nos olvidáramos de traer otros 20 dólares la semana siguiente. Espera, ¿qué?

¿Otros 20 dólares?

Sabía que mis días artísticos habían llegado a su fin con una sola clase. Fui "normal" por una sola vez, pensé mientras tiraba el volante. Después de eso tiré los volantes por todo el resto de mis años escolares. No tener, no significa que no podamos, sólo significa que no hemos tenido la oportunidad. Gracias a todos los que buscan entender nuestra perspectiva, a los que ayudan, a los que nos escuchan y a los que nos permiten sentir lo que es no tirar el volante a la basura ... aunque solo sea UNA VEZ.

A trabajar

En un mundo en el que muchos se quejan de tener que levantarse e ir a trabajar; en un mundo en el que está normalizado tener excusas, hay personas que se levantan felizmente todos los días mucho antes del amanecer para trabajar. Preparan el desayuno y la comida del día, visten a sus hijos para ir a la escuela horas antes de entrar. Y quizás, si tienen suerte, se toman un café. Salen de su casa con la luna y las estrellas aún brillando para hacer realidad el sueño del trabajo. Lo hacen durante años porque eso es lo que vinieron a hacer a este país ... trabajar - no importa si es en la oscuridad. La oscuridad no nos asusta, nos motiva.

¿Soy una niña?

Para mí, el hecho de ser mujer no ha sido un problema, o quizás el hecho de que nunca hayan llamado la atención al tema me ayudó. Aquí está una pequeña historia. Cuando tenía diez años, un chico de nuestra calle me preguntó si podía encargarme de su ruta del periódico. Eran los años 80, así que recibir las noticias a través del papel real y que te lo entregaran en el porche era un servicio VIP. En ese entonces no existía Google, pero yo quería repartir las noticias. ¡Quería ser Google! El trabajo consistía en doblar 40 periódicos, lo cual te dejaba marcas semipermanentes de tinta negra en las yemas de los dedos, empaquetarlos en las viejas bolsas de repartir periódico en bicicleta y llevarlos a las casas todos los días llueva o haga sol y con ningún día libre al año. Trabajo ideal, ¿no?

Los ingresos serían de 40 dólares al mes /un dólar por periódico. Me imaginaba todos los chocolates y helados que compraría con el dinero. Quería este trabajo más que nada. Quería tanto los dólares. Quería helados. Mis padres y yo no sabíamos que el 99% de los niños que solían hacer este trabajo eran niños hombres. Al niño que me reclutó tampoco le importó. Esta era una industria sólo de hombres y ahí estaba yo, levantando la mano, pidiendo que me dejaran. Mis padres dudaban porque hacerlo todos los días les parecía demasiado para una niña de diez años.

Mi argumento fue que tendría dinero todos los días, los fines de semana, y los días feriados. Además, era algo que me hacía falta diario. Mis padres aceptaron que lo intentara. Me encantó. En cuestión de meses, fui añadiendo más y más suscripciones de periódicos a mi ruta y cada año, durante cuatro años, aparecía en nuestra puerta una NUEVA BICICLETA DE BMX "PARA NIÑOS" como premio por ser "el" mejor repartidor de periódicos. Yo, era el uno por ciento. A los 14 años yo ya tenía tres grandes rutas: por la mañana, por la tarde, y ruta doble los miércoles, repartiendo noticias, cupones y anuncios de las tiendas por todas partes. Para llegar a todo el mundo, hacía que mis hermanos trabajaran para mí y les daba una bicicleta como incentivo. Era una niña en un mundo de niños, y no me asustaba porque ni mis padres ni yo conocíamos algo mejor. Ser bueno no era una cosa de chicos o de chicas. Era una cosa de trabajar duro.

A veces la ignorancia es una bendición. Si los obstáculos son invisibles y no se dicen, a veces los pasamos de largo. Soy la prueba de que cuanto menos se hable del "no puedo"... más podemos hacer en realidad.

Lecciones en el parque de casas rodantes

Me gustaría decir que estaba en el negocio de las suscripciones antes de que fuera una sensación. ¿Qué clase de lección podría aprender de la entrega de periódicos a personas mayores en un parque de casas rodantes (conocidas como trailas)? Sigue leyendo.

No tardé en darme cuenta que si repartía el periódico en el porche y dedicaba unos minutos a escuchar las historias de esta gente, obtendría un dólar de propina a final de mes. ¿Por qué era esto tan importante? Al principio, para mí, con 10 años, un dólar significaba cinco helados de 19 centavos (y me los comía todos). Para ellos, yo era un ser humano que escuchaba y que facilitaba a su cuerpo envejecido el acceso a las noticias, su conexión con el mundo exterior más rápidamente. Yo ayudé a hacer eso más fácil. Sí, así como Google.

Mes tras mes pasaba a cobrar las cuotas mensuales. Al principio, me enfadaba porque sabía que tendría que pasar unos minutos más escuchando las historias de sus gatos, sus hijos, sus recuerdos del pasado, pero esperen, después de un tiempo, esperaba con emoción llamar a su puerta. No sabía por qué. ¿Era el dólar, el helado? Era demasiado joven para darme cuenta de que era el regalo de sus historias. Sus rostros se iluminaban durante unos minutos mientras yo escuchaba historias sobre la vida. Me gustaba ver sus caras iluminadas. Las historias eran una confirmación de que los hechos habían sucedido. Escucharlas era una confirmación de que alguien todavía se interesaba.

Los muchos años que pasé de niña cobrando cuotas de suscripción y escuchando historias habían dado sus frutos décadas después. Aprendí que todo es una lección en esta vida. Aprendí las lecciones de la paciencia, del escuchar y la valiosa lección del TIEMPO. En paz descansen mis cuentacuentos del parque de trailas.

Cuando te sientes con tu familia y amigos no te quedes ahí sentado, hazles preguntas. Escucha con paciencia. Le estás haciendo el día feliz a alguien al quedarte quieto y permitirle sentirse vivo a través de los recuerdos. Si es difícil hablar con tu familia, te reto a que te sientes con ellos y les preguntes qué, por qué y cómo. Pídeles que te expliquen recuerdos y detalles. Puede que te sorprenda lo que recibas de ello y que el mero hecho de que expreses tu interés sea lo que esa persona necesitaba para sentirse viva. Sentirse vivo: qué hermoso regalo. Querido Universo, nunca fue por el helado, ¿verdad? Lección aprendida.

Los amigos van y vienen

Todo el mundo se pone en tu camino por una razón, pero no todo el mundo está destinado a permanecer en tu vida para siempre. A veces la gente se queda atrás, surgen diferencias o simplemente te mudas o sigues adelante. Así es la vida. Sea cual sea el caso, todo el mundo lleva un mensaje, una lección. Todo el mundo.

Macarroni por tamales

Crecí con muchos niños varones a mi alrededor incluyendo dos hermanos. No había niñas en mi vecindario. Hasta que un día apareció una niña bonita llamada Denise, de piel clara y ojos azules, ¡por fin alguien que no quería jugar Lucha Libre! Vivía en el dúplex de una habitación que estaba al otro lado de mi casa. Nuestras casas eran idénticas.

¿Como no ser amigas instantáneamente? Durante un par de años, ella y yo fuimos inseparables.

Yo solía ir a su casa a comer macarronis con queso y ella venía a la mía a comer comida mexicana. Recuerdo que una vez mordió un tamal y dijo que estaba "duro" porque no sabía que debía quitarle la hoja. Así fue durante un par de años. Ella me mostraba MTV y yo le mostraba piñatas. Aunque ella y yo éramos completamente diferentes, nuestras situaciones de vida eran idénticas. Las dos vivíamos en casas de una sola habitación con mucha gente. Las dos necesitábamos espacio. Nuestros hermanos eran demasiado infantiles para nosotras "geniales" preadolescentes.

Siendo preadolescentes, queríamos privacidad. Pero,

¿cómo se consigue la privacidad de la nada? Nuestros padres pusieron en marcha su creatividad y, en un abrir y cerrar de ojos, la lavadora se trasladó al exterior y nosotros al cuarto de lavar. Un problema, los colchones eran demasiado largos para el espacio. ¿Qué problema ni que nada? En el verdadero modo de "lo resolveremos"... con una sierra y una mano firme, alrededor de medio pie de colchón fue rumbo a la basura. El nuevo tamaño del colchón quedaba perfectamente en nuestro nuevo dormitorio, y lo bueno que nosotras éramos de baja estatura, así que también cabíamos perfectamente. Con una cortina colgada en la abertura de la pared del antiguo lavadero, tuvimos privacidad por primera vez en nuestras vidas. La adversidad nos unió. Aunque ella tenía los ojos azules y la piel más clara, estaba pasando por lo mismo que yo. Nuestra capacidad de compartir nuestras diferencias también nos unió. Ella y sus macarronis con queso y yo y mis tamales.

Hay lugares en este mundo donde el color no es el único factor de diversidad. Considera la adversidad. Considera la historia. Quizá descubras que somos más parecidos que diferentes.

Ser aceptada

Estaba en la escuela cuando me pasaron una nota en clase de matemáticas que decía: "No queremos que te juntes con nosotras." Se me rompió el corazón. Los amigos que antes consideraba mis iguales ahora parecían estrellas de cine y mi aspecto de niña bonita ahora parecía "distorsionado." Tenía acné, un corte de pelo raro y ropa usada. ¿Cómo iba a competir? Pues no podía. ¿Y entonces qué?

Temía la hora del almuerzo. Me armé de valor cada día para ver si algún grupo quería una nueva amiga para el almuerzo. Un NO de los deportistas, NO de los chicos artísticos, NO de mis antiguos compañeros de clase. Oh, un SÍ de los que fumaban mariguana, pero probablemente no era la mejor idea. Pasé cerca de un año sola, tratando de ver cómo me acomodaba.

Esta época de nuestras vidas es dura y también pasará. Adelántate. Estarás bien. Nuestro tiempo llega cuando tiene que llegar. Habrá muchos "no," pero no pierdas la esperanza. Encontrarás a tu gente. Habrá un día donde la gente que algún día nos pasó por alto va a desear que se hubieran comido un simple sándwich con NOSOTROS.

Donas gratis- ¡Sí quiero!

Sólo se sabe lo que se ve. ¿Sabes cuando te preguntan en la escuela qué quieres ser cuando seas grande? Recuerdo que me costó responder a esta pregunta. No lo sabía. Sólo sabía lo que veía en casa y lo que veía en la televisión. Los trabajos de la televisión en telenovelas parecían inalcanzables, en casa, mamá trabaja en una fábrica y papá llegaba a casa con las botas llenas de tierra diario. Esta es una pregunta difícil cuando las opciones parecen mínimas: necesitamos que nos muestren el mayor número posible de opciones "REALES" alcanzables y que nos enseñen cómo conseguirlas.

Beth

Soy la primera de mi familia en estar en una oficina. Recuerdo la primera vez que me dejaron entrar en una oficina por una razón distinta a la de limpiarla. Tenía 14 años y trabajaba atrás en la fábrica con mi madre, que como todas las madres, intentaba cubrir mis errores. Después de un tiempo, era obvio, yo no era buena haciendo el trabajo de fábrica. Sin embargo, la dueña no se enojó. Al contrario, me sentó y me dio otra opción. Me dijo: "Cariño, ven para acá," y con su mano en mi hombro, abrió la puerta a un nuevo mundo que mi familia nunca había visto. Estaba en una oficina.

Me abrió la puerta. ¿Otra opción? Sí, tenía otra opción, y la dueña lo sabía. Su nombre era Beth. Resulta que no ser buena en el trabajo de fábrica fue una bendición disfrazada. Me abrió los ojos a un mundo limpio (descontando las cenizas de cigarrillo en el escritorio porque, después de todo, eran los años 80), había bebidas en una nevera, donas en la mesa, y no tenía que esperar a una hora de descanso específi ca para tomar nada de eso.

Mis manos estaban limpias y, a diferencia de mis increíbles amigos de atrás en la fábrica e incluso de mi madre, tenía un calentón. Era difícil NO SENTIRSE culpable. Mi madre estaba orgullosa. Cada vez que iba a la parte de atrás a saludar, se le iluminaba la cara. Sólo era una adolescente y me pagaban 3.35 dólares la hora, pero, a sus ojos, lo había "lograda." Supongo que podría haber parado ahí, pero Beth siguió enseñándome. Me dijo que tomara clases de mecanografía. Enseñándome cómo hacer las cosas. Era paciente. Beth me abrió los ojos a un nuevo mundo porque vio que podía hacer algo más. Me gustó que yo le haya caído bien. Me gustó que me lo dijera con palabras. Hablar era difícil en mi familia, así que Beth, sin saberlo, llenó ese vacío. No era culpa de mis padres, ellos sólo sabían lo que sabían, pero Beth sabía otras cosas y creía en mí. Fue la primera en creer en mí en el trabajo y trabajé para ella durante la mayor parte de mi adolescencia. Había perfeccionado el trabajo y a los 14 años había logrado más que mis padres. Había alcanzado el sueño de mis padres de TRABAJAR, y trabajar en una oficina era el premio máximo.

Beth no podía ser más diferente que yo con sus perlas blancas y yo con mis zapatos de tres dólares y mi pelo de cuatro pulgadas, pero eso no nos importaba a ninguna de los dos. La ayudé a conseguir sus objetivos y bueno, ella me ayudó a darme cuenta de que tenía que aumentar los míos. Apreciemos a los que creen en nosotros y abramos las puertas a menudo y si nunca has entrado en una oficina, quiero que sepas que podría cambiar el curso de tu vida. A mí me pasó. Seamos todos Beths y seamos Beths para los demás.

Y esta es la razón

Vivir en la pobreza en los Estados Unidos no es nada comparado con vivir en la pobreza en otros países. Para algunos, tener lo básico como agua, electricidad e incluso un baño ya es mejor. Muchos viven en estos humildes lugares donde, a pesar de la falta de recursos, mantienen la esperanza de que un día verán a sus seres queridos, aunque sea en la oscuridad.

Vacaciones en México: mi primer regreso

Después de más de una docena de años de esperar los documentos legales - finalmente sucedió, recibimos nuestra mica. Se acabó el esconderse. Habíamos oído muchas historias de "nuestra tierra," pero realmente no las entendimos hasta que llegamos allí.

No había agua, ni electricidad, ni gas, ni paredes de verdad, el suelo era de verdadera tierra. Y lo que es peor, no había sitio para enchufar el rizador de pelo. Mi hermano hizo un baño con unas cuantas llantas, una encima a otra afuera para tener un lugar donde sentarse. Sin embargo, desde hacía una docena de años, este hogar tenía muchos más alrededor. Para entonces, el dinero que mi abuelo había ganado limpiando una fábrica en los Estados Unidos también había empezado a ver su impacto. Mis tías, que vivían allí, estaban estudiando. Había tierras con verduras y frutas por todas partes. Había esperanza de que ellas también se fueran pronto a un lugar mejor en un pueblo cercano, y así fue. También se fueron a un lugar mejor.

La visita me enseño mucho, y nos alegramos de subir a un avión y volver sin preguntas. Me pregunto qué pensaron mis padres la primera vez que volvieron de México cuando les sellaron el pasaporte.

Por favor, tomen en cuenta el lugar de donde y el por qué se viene la gente de otros países. ¿Por qué lo arriesgan todo? Un riesgo es una oportunidad, y una oportunidad siempre vale la pena. Aunque pasemos años sin ver a nuestros seres queridos.

Sé que para algunos los Estados Unidos no es perfecto, pero para mí, y para millones de personas, es nuestro hogar.

Nunca más volví a pasar por alto el valor que tiene el lujo de poder enchufar cualquier cosa y que funcione.

La escuela – nada bueno

Mientras algunas eran porristas y jugaban al tenis después de la escuela, yo me apresuraba a subir al autobús todos los días para llegar al trabajo. Tenía que hacerlo. No tenía ni idea de por qué estudiar era importante. Nadie en mi familia hablaba inglés y nadie había terminado la preparatoria. Trabajaban y eso mismo hacía yo también.

Teatro

En un momento dado, estaba reprobando todas mis clases de escuela. Tenía que trabajar y sinceramente, no entendía por qué la educación era tan importante. Nadie le había enseñado a mis padres el sistema educativo. Les digo que si hubieran estado obligados a aprender los fundamentos del sistema educativo de este país en el momento de solicitar la mica, lo habrían aprendido con mucho gusto. Una mica para un inmigrante es el premio máximo. Tal vez, la educación y la inmigración deberían ir de la mano. A mí también me habría ahorrado un montón de estrés.

Mis padres ni siquiera sabían que en Estados Unidos hay cuatro años de preparatoria porque en México son tres. No conocían el sistema de calificaciones. Al principio, no sabían que una "F" no era Fantástico. No sabían que el hecho de saber y prepararse para ir a la universidad lo antes posible podía ser la mejor inversión que podían hacer. Nadie les enseñó, así que ellos no me enseñaron a mí. Ojalá, mis padres hubieran sabido más.

Iba a la escuela, pero aprender no era mi objetivo. Trabajaba todo lo que podía, igual que ellos. Necesitábamos traer dinero y lo necesitábamos ahora, así que eso es lo que hacía. Era buena en el trabajo. Ayudaba a pagar las facturas y el alquiler porque sobrevivir era importante. Estos años fueron confusos. A pesar de mi duro exterior. Por dentro, me sentía como una perdedora. Sentía las miradas de reojo cuando entraba en una clase. Una vez incluso me acusaron de hacer trampas porque obtuve la nota más alta en un examen de ciencias. La verdad es que tenía un interés natural por la ciencia y la disfrutaba, además no era tramposa, pero la negatividad me desmoralizaba.

En el trabajo me animaban, pero en la escuela no tenía mucho ánimo, excepto por una persona: mi profesor de teatro. A pesar de que estaba reprobando su clase, él en cambio, trabajó conmigo. Debió de ser duro tenerme como alumna. Estaba desanimada, cansada y, como tenía que trabajar después de clases, nunca podía ir a los ensayos.

Para mi examen final, en lugar de un proyecto de grupo, el profesor de teatro me pidió que memorizara un monólogo. ¿No hay proyecto de grupo? Eso sí podía hacerlo. No tenía que quedarme después de clase y podía estudiarlo en mis descansos en el trabajo. Pero ¿por qué aprenderlo? Estaba reprobando la clase. No podía explicarlo en ese momento, pero quería demostrar que podía hacer ESTO, quizás a mi profesor, quizás a mí misma, así que practicaba cuando podía.

Llegó el día de la final, y subí al escenario de la escuela sabiendo que iba a reprobar la clase a pesar de todo, pero lo hice de todos modos. Ese día lo dejé todo en el escenario.

Todo. No sabía qué esperar. Oh, un cero, pensé entre mí. Sin embargo, era algo más grande que una nota. Creo que el profesor también lo sabía. Al final del monólogo el profesor se levantó, creo que hasta se le pusieron los ojos llorosos y aún lo recuerdo ahora, aplaudiendo casi a cámara lenta. Fue el único de la clase que se levantó ese día. Eso fue suficiente. Lo había hecho.

Durante décadas, he intentado romperme el cerebro con el nombre de aquel profesor que aquel día de un examen final me miró con orgullo y se puso en pie por mí: aplauso, aplauso.

El tiempo pasó. Mi amor por el escenario creció con los años. Admiraba a los oradores, a los intérpretes y a los motivadores. Con el tiempo, incluso ayudaba a peinar y a animar a mis hijas y sus amigas en las obras de teatro de la escuela. Sin embargo, nunca pude subirme a un escenario. Hasta 30 años después. Inmediatamente sintiéndome como esa niña de la escuela otra ves que quería demostrar que podía. Y así fue. Si pudiera decírselo a ese profesor.

Hace poco encontré un artículo de 1990 con una foto de ese profesor de teatro. Debajo de ella, el nombre: Sr. Burkhart. Inmediatamente después de encontrar su nombre, encontré su obituario. Espero que él sepa ...

Este profesor fue el único en el instituto que me defendió ... y lo hizo solo.

Una sola vez podría ser todo lo que necesitamos.

A todos los profesores como el señor Burkhart, gracias.

No debemos asumir

El profesor acababa de pasarnos los exámenes de ciencias corregidos. Las ciencias siempre me han parecido fascinantes. En lugar de que el profesor pasara el examen a cada uno, hacía que los alumnos de la primera fila se los pasan para atrás. Las notas de los exámenes no eran un secreto. Cuando me entregaron el examen, noté un gran A+ ósea un 10. Tenía la nota más alta de la clase. Me sentí orgullosa durante medio segundo -literalmente sólo medio segundo- cuando la persona que estaba a mi lado susurró: "¿Cómo hiciste trampas?" Respondí: "No las hice."

No me creyó, y creo que incluso el profesor también creyó que hice trampa. Verás, yo era parte de la minoría en mi escuela. La gente que se parecía a mí, que se vestía como yo, éramos mal vistas. Para algunos, éramos los perdedores, los pandilleros, los tramposos. Debo ser honesta, cuando era adolescente pensaba que tal vez NO debía sacar buenas notas ni gustarme la ciencia; tal vez debía ser "ese" estereotipo. ¿Qué hacía yo sacando buenas notas en ciencias? Bueno, me encantaba la ciencia. Había estudiado entre clases, después de la escuela, en los descansos del trabajo, así que era obvio que iba a sacar buenas calificaciones.

Siempre habrá gente que no cree que tú puedes. No se alegrarán por ti. No podemos dejar que nos hundan. Sus suposiciones no pueden definirnos. Demuéstrales que están equivocados. Demuestra que tú tienes la razón.

“Eres una mala influencia”

Yo era la muchacha de la escuela al que el director llamaba mala influencia. Supongo que daba un poco de miedo con mi pelo de cuatro pulgadas de alto ... ¿pero mala? De todos modos, me echó. Nunca me preguntó por qué no podía llegar a clase a tiempo. Trabajaba por las noches para ayudar a mis padres, porque mi padre se estaba muriendo de cáncer, y tenía que ayudar.

Acabé en una escuela de continuación, y resultó que los otros muchachos de allí también estaban en malas situaciones como yo. Algunos eran padres de 14 años, otras estaban embarazadas, otros eran pobres, otros sufrían abusos, otros tenían problemas de drogas, otros tenían padres con problemas de drogas, otros no tenían padres, pero en todas las situaciones no era culpa de ellos. Nadie les preguntó por qué o qué pasó. Todos éramos producto de nuestros alrededores. Todos llevábamos la misma ropa barata, sudaderas de seis dólares y zapatos Mary Jane de tres dólares de la pulga, y así nadie se burlaba de otras personas o grupos. Nuestro duro exterior era nuestra protección contra el dolor, pero éramos demasiado jóvenes para entenderlo o incluso articularlo.

Un día, un consejero de esa escuela de continuación me sentó y fue testarudo al preguntarme por qué. Al principio, me empeciné en decirle la verdad, es decir, hasta que me salió y le dije la verdad. Estaba trabajando, mi padre se estaba muriendo y necesitaba ayudar. En ese momento se dio cuenta de que no era una muchacha mala para nada. Sólo estaba en un aprieto, y estaba lidiando con problemas pesados. En lugar de dejarme de lado, esto fue lo que hizo: se tomó el tiempo y me escribió un plan para salir de esa escuela. Para que pudiera graduarme a tiempo. Ese plan para mí era mi plan de ESPERANZA y todo porque él fue testarudo en preguntar el POR QUÉ.

Una pregunta cambió mi camino en la vida. ¿Por qué? Ninguno de esos niños de esa escuela eran malos, simplemente todos estábamos en una mala situación, pero yo pude salir porque alguien se tomó el tiempo de ayudarme, lo que a su vez me dio algo a lo que aferrarme: la esperanza. Tener esperanza en lo que parece una situación desesperada no tiene precio.

Me llamo Martha y represento con orgullo al dos por ciento de las latinas en la tecnología. Llevo más de 25 años haciéndolo - necesitamos más. He trabajado en "hardware", "software" y telefonía móvil. Rompí el ciclo de la pobreza, pero no lo hice sola. Hizo falta gente buena y testaruda (como ese consejero en esa escuela) y empleadores que le dieran una oportunidad a alguien diferente, aunque yo fuera ese alguien con zapatos Mary Jane de tres dólares. Esas personas vieron más allá de mi temible pelo de cuatro pulgadas de altura.

La muerte de papá

Mi padre murió de cáncer con sólo 44 años. Pienso frecuentemente en la pérdida de personas y el por qué duele tanto. Es el hecho de que veíamos a esa persona en nuestro futuro y cuando no está, es imposible que no duela.

Acción de gracias

Acción de Gracias es la fiesta favorita de mamá. ¿Por qué? Es muy sencillo. Para nosotros, es un día de agradecimiento por todo lo bueno que hay en nuestras vidas. Cuando Mamá llegó a los Estados Unidos, no tenía ni idea de lo que era, pero con el tiempo se fue enterando poco a poco. A principios de los noventa se la perdió, a mi padre le habían diagnosticado cáncer y ella estaba en México.

¿Por qué? Había visto un reportaje en las noticias de la televisión sobre el agua "curativa" de un pozo remoto en un pequeño pueblo y no podía dejar de pensar en ello, así que compró un boleto para México en cuanto pudo y se fue a buscar el pozo mágico. Cuando llegó al pequeño pueblo, compró un recipiente de cinco galones a un precio excesivo y procedió a la larga caminata para llenarlo con esta agua. Ese año mis hermanos menores y yo cocinamos y comimos un pavo sin sabor y esperamos que mamá volviera pronto con la cura para papá. Cuando ella volvió, él bebió el agua diariamente con ESPERANZA hasta la última gota. No puedo imaginar lo desesperados que estaban para hacer esto.

Doy gracias al universo por todos los que tienen esperanza, ejecutan y, aunque a veces fracasan, no importa, porque nadie puede decir que no lo han intentado.

Hospicio

Mis hermanos y yo éramos adolescentes cuando perdimos a papá. Sólo tenía 42 años cuando le diagnosticaron un cáncer de esófago, a pesar de que rara vez fumaba. Mamá nos ocultó el diagnóstico durante un tiempo y trató de mantenerse fuerte, pero supimos que algo iba mal cuando papá estaba en casa, cada día más delgado, y ella tuvo que aceptar un segundo trabajo. Cada día mamá tenía que ser más fuerte mientras papá era más débil.

Esto duró dos años hasta que fue hospitalizado. Lo registraron para una habitación en el piso de cuidados para enfermedades grabes, en el piso de hospicio. En una de nuestras visitas al llegar al hospital, una señora nos preguntó a mí y a mis hermanos por qué estábamos allí. Le dijimos casualmente: "Estamos visitando a nuestro padre." Hablamos de forma casual y nos dirigimos al elevador del hospital. Cuando nos preguntó en qué piso estábamos para poder oprimir el botón, se quedó helada. Le dijimos que estaba en el piso de cuidados de hospicio. Nos dimos cuenta de que algo que dijimos estaba mal. Bajó la mirada y oprimió lentamente el botón del ascensor. Un silencio incómodo se sentía. Nadie nos había enseñado la palabra HOSPICIO, ¡nadie! Creo que ni siquiera mamá lo sabía o quizás no quería saberlo o tal vez esperaba a un milagro.

Durante un mes, el cuarto de espera de ese piso del hospital fue nuestra casa. Estoy seguro de que las enfermeras estaban entretenidas con la conmoción. Nuestra familia traía tacos, pizza y pan dulce. A medida que pasaba el mes las visitas eran cada vez menos, y también las fuerzas de papá. También la comida del cuarto de espera se estaba acabando. Mi padre se estaba acabando también. Y había perdido el sentido del saber. Tenía muchas medicinas en su cuerpo, y me daba cuenta de que quería decir algo con sus labios secos y partidos, pero no le salían las palabras. Cogí una esponja húmeda y le humedecí los labios como si esa esponja ayudara a que las palabras salieran más fácilmente de los labios que una vez me enseñaron la melodía de la primera canción que recuerdo haber aprendido. No salía nada. No había palabras.

En una noche tranquila, mientras mamá y unas de mis tías rezaban en el cuarto donde estaba mi papá, sucedió. Mamá corrió al cuarto de espera donde estábamos yo y mis dos hermanos y me despertó y dijo dos palabras "mija ya." No tenía que decir más. Corrí a la habitación. Empecé a llorar y tomé sus manos, que antes eran fuertes. Podía sentir sus huesos. Y por la esquina de uno de sus ojos, una lágrima caía por su mejilla hundida casi a cámara lenta. Su expresión quedó como si quisiera decir algo. ¡Necesitaba una esponja más grande! Una lágrima fue su última expresión, tal vez él también lo sabía y, así, perdí a mi padre.

Perder a alguien es algo horrible. Más tarde, me enteré de que se suponía que papá sólo iba a estar en el hospicio durante un par de días. Él estuvo ahí un mes. Tal vez tuvimos un pequeño milagro y no nos dimos cuenta. Si tienes la oportunidad diles a otros que se abracen que les digan a sus seres queridos que los quieren, aunque sea tener que dar estos consejos en un elevador. Dile a los que amas, simplemente eso - que los amas AHORA y mientras puedas. Díselos mientras tengas voz, porque nunca sabemos cuándo nos quitarán esa voz.

En memoria de mi Apá, Juan, y en reflejo de mi fuerte Amá, Tomasa.

El bigotes

No era un bigote simple. Era ROJO, pero su pelo era negro, así que era único, él era único. Era un hombre alegre. Su bigote rojo parecía darle luz a su cara. ¿Pero, cómo es que él era alegre? Papá era huérfano, soportó abusos, pobreza y racismo. Me preguntaba, ¿cómo alguien que la había pasado tan mal podía ser tan feliz, tener tantos amigos y convertirse en un hombre tan querido?

Cuando murió a los 44 años, recuerdo que íbamos rumbo al cementerio y miré hacia atrás del carro donde venía el cuerpo de mi padre. Una fila de carros detrás de él que no los podía contar. Se podría haber pensado que se trataba de una persona famosa. La fila era interminable. Es interesante, murió ganando menos de ocho dólares por hora. Entonces supe que no era el dinero lo que vale al final. Han pasado décadas y los amigos de mi padre siguen en contacto con nosotros, son familia. Todo lo que hacía en la vida, importaba.

¿Qué hizo? Ofreció un plato a los que tenían hambre. Él ofrecía una cobija al que tenía frío. Cantaba con los que estaban solos, reía con los tristes, daba consejos a los jóvenes, nunca se presentaba con las manos vacías, bailaba con los viejitos, y la lista continúa. Cosas sencillas que importan en vida. Papá me enseñó que tenemos dos opciones: Una, dejar que nuestro pasado nos controle o dos, seguir adelante. Al final acabamos igual; los ricos y los pobres uno al lado del otro. No hay símbolos de dinero en una lápida. Haz el bien. Sé amable. Pa' delante que para atrás no se puede arreglar nada. El amor no es complejo ni lujoso es una risa, una comida, una canción, un gesto, pero un bigote rojo y elegante, ese si no tiene precio.

Dos pies izquierdos

Estaba hablando con una amiga sobre la vida y la muerte. Ambos son temas difíciles. Mencionó que a su madre la sepultaron con una cobija encima porque siempre tenía frío. Yo entendía esto perfectamente.

Me hizo pensar en una situación que ocurrió cuando estaba organizando los servicios fúnebres de mi padre. Decidí que serían de féretro abierto. Los servicios implicaban tomar decisiones sobre el maquillaje, la ropa, incluso los zapatos – era mucho que pensar para un adolescente. Pero yo era la mayor. Le compré a mi padre su último cambio de ropa junto con sus zapatos nuevos y los dejé en a la funeraria.

La mañana del día siguiente, recibí una llamada: "Perdona que te moleste, pero nos has traído dos zapatos izquierdos, podemos ponérselos, nadie se dará cuenta. ¿Está bien?"

¿Qué? Esperen. ¿Dos zapatos izquierdos? ¿Qué hago? Me puse a pensar. Mi padre era el mejor bailarín que conocía. En cualquier fiesta era el primero en bailar. Tenía de todo menos dos pies izquierdos. Sé que parece una tontería, pero me lo imaginaba con esos zapatos izquierdos bailando incómodo por mi culpa. ¡¡¡NOOOOO!!! ¡NO está bien! Nadie más lo sabría, pero yo sí, y no podía permitirlo.

Así fue que me apresuré a recoger los dos zapatos izquierdos e hice el intercambio de zapatos. Hay cosas en la vida que no podemos volver a hacer, hagamos lo correcto. En el caso de la madre de mi amiga, una cobija para que su madre esté calentita y en el caso de mi padre: NO a los dos zapatos izquierdos.

Baila cómodamente papá, y a la mamá de mi amiga que no tenga frío.

Ensalada Cesar

Acababa de terminar la preparatoria, lo que también significaba que ya podía trabajar tiempo completo. ¡Qué universidad ni que nada! ¡A trabajar! Sabía que necesitaba ayudar a pagar las facturas de la casa. Con más horas para trabajar, la empresa en la que había trabajado a tiempo parcial durante años me pidió que los representara en el Giftmart de San Francisco. Tendría que viajar en el tren por una hora, pero no importaba. Podría llevar tacones altos, un traje elegante y posiblemente incluso un maletín de oficina. Dije que sí inmediatamente.

El Giftmart era un gran edificio en el centro de San Francisco con espacios permanentes, donde los diferentes fabricantes representaban su producto. Piensa en ello como un gran Amazon, pero en la vida real. En lugar de buscar en Google, en "los viejos tiempos", si buscabas jarrones ibas al elevador, oprimías el piso X, ibas al espacio XX ... y los jarrones aparecían. Los compradores de los grandes almacenes como Mervyn's y Sears pasaban por tu espacio y veían si el producto que representabas justificaba un pedido para sus múltiples tiendas. Si lo hacían, el pedido se tramitaba por escrito y en papel carbón de tres colores. Escrito con pluma - en serio.

Yo también trabajaba los fines de semana en el Giftmart, pero no me importaba. Tenía una cafetería fantástica, donde vendían la mejor ensalada César, con queso parmesano raspado a mano y todo. Sólo conocía esta lechuga por el trabajo de mi padre en una fábrica de verduras y frutas, donde su trabajo consistía en picarlas por ocho horas al día. Todo era elegante en esta cafetería, incluso la ensalada, así que la comía siempre. Un día invité a mi madre a comer y le enseñé mi lugar de trabajo. No sólo estaba asombrada de mi nuevo espacio de trabajo, sino también de que realmente estuviera trabajando allí, y de que nadie me detuviera en la puerta. Realmente no entendía lo grande que era esta combinación en aquel entonces.

Mi padre falleció no mucho después. Más tarde me enteré de que a mi padre le hubiera gustado venir con mi madre ese día a ver dónde trabajaba. Debería haberlo invitado a él también, pero ahora ya no estaba; ya no podía llevarlo a ver mi trabajo. Ya no podía llevarlo a ver dónde acababa el esfuerzo que él hacia diario. Nunca podría probar cómo la simple lechuga que cortaba se convertía en la más deliciosa ensalada

César. Si pudiera ver a toda esa gente con tacones y maletines disfrutando su trabajo, si pudiera verme a mí. Era demasiado tarde. Si puedes, lleva a tus padres al trabajo un día. Preséntales a tus colegas. Colegas, ustedes también saluden. Pueda ser que sus padres no entiendan lo que haces, pero te garantizo que entienden que lo que hacen es indirectamente su trabajo también.

Tampoco deberías necesitar un día especial para hacerlo. Como he descubierto, puede que ese día no llegue nunca. Abraza y presume de tus seres queridos mientras estén aquí en la tierra. Si no puedes, mantén sus recuerdos vivos.

Este es mi padre, Juan. Él, junto con mi madre, me dio una vida mejor. También cortó lechuga y lo hizo con una sonrisa.

Amor es amor

Cuando mi verdadero padre murió de cáncer hace décadas, la vida que conocía con un padre de sangre desapareció. Mi madre sólo tenía 41 años y mis hermanos y yo éramos adolescentes y no sabíamos cómo manejar todo lo ocurrido. Nos habíamos quedado sin padre y estábamos enojados con la vida. Sin más, mamá asumió dos papeles inmediatamente -y en contra de toda la familia- se volvió a casar unos pocos años después. Fue difícil aceptar a Rodrigo en nuestras vidas.

Hasta hace poco nos referíamos a él como "el esposo de mi mamá" y nunca nos dijo nada. Rodrigo no nos presionaba, nos daba espacio. Cuando sacábamos fotos, se ofrecía amablemente a tomarlas. El atrás de la cámara. Cuando hablábamos del pasado, el calmadamente escuchaba sin decir una palabra. Nunca hizo que mamá quitara las fotos de papá de la pared. Nos compraba nuestras golosinas favoritas una y otra vez y, si necesitábamos jardinería, aparecía antes del amanecer y allí estaba dando vida a nuestras casas, dejando golosinas en nuestra puerta una y otra vez. No pedía nada a cambio.

Durante años ha estado al lado de mamá cuidando de nuestro regalo más preciado: a mamá. Aquí está plantando su pitaya favorita. La consiente así. Creo que a papá le hubiera caído bien. Mamá tenía razón al escuchar a su corazón en este caso. El amor es el amor.

Tío Pedro

No sólo fui la primera de mi familia en tener un trabajo de oficina, sino que fui la primera de mi familia en viajar. Apenas tenía 18 años cuando mi jefa me preguntó si podía ir a Los Ángeles para representar la empresa en una feria industrial en un centro de eventos. Era una pregunta fácil para algunos, pero no para mí.

Crecí con padres inmigrantes que ni siquiera me dejaban pasar la noche en casa de mis primas, así que me pregunté cómo iba a viajar 300 millas sola. Mis padres no sabían que esto era lo normal en el "mundo de la oficina", por suerte para mí, mi madre trabajaba atrás en la misma fabrica que yo. La dueña de la empresa hizo que mi madre se sintiera bien con la idea, quien a su vez hizo que mi padre se sintiera bien también. Me sentí con menos ansiedad porque a los 18 años yo tenía miedo de pedir este tipo de "permiso." Sinceramente, hubiera dicho que "no" si no hubiera sido por esa conversación entre la jefa y mi mamá. Ella sabía que podía representarlos bien y mi madre sólo necesitaba oírlo de alguien que ella respetaba. Mi madre no pudo decir que no. ¡Uf! Así que fui.

Por primera vez, volé sola (¡¡¡cacahuates gratis, qué lujo!!!). Sin embargo, no hubo un taxi de lujo o un Uber que me recogiera, mi tío Pedro me recogió en su humilde camioneta de jardinería. Tampoco me quedé en un hotel de lujo, aunque la empresa lo hubiera pagado, pero sí me quedé en el sofá de mi tío Pedro en el este de Los Ángeles. Un poco diferente a un hotel, pero créanme cuando digo que me sentí como si estuviera viviendo a lo grande.

Durante un par de días instalé mi puesto, representé la empresa en la convención, hablé con compradores y lo hice todo con una sonrisa de oreja a oreja. Mi mundo seguía creciendo. Regresé a casa con energía y con otra perspectiva que incluso me pagaba el almuerzo y de pilón me daban cacahuates. ¡Esto no era vida era un vidón! Desde entonces, no dejé de viajar y mis padres nunca me impidieron ir a ningún viaje después de este.

¿Cómo iban a hacerlo? Era diferente, pero era bueno. Amigos, conozcan las culturas de los que les rodean. Ayuden a los demás a ampliar el conocimiento sobre ustedes también. Sé que es incómodo a veces, pero tal vez sea necesario ir contra corriente, especialmente si sabes en tu corazón que es para mejorar. Nuestros padres tienen que ver que hay valor en que salgamos de casa, por la escuela, la vida o el trabajo. No hacerlo, podría limitarnos. Recuerden que queremos una vida mejor para nuestros seres queridos. Y la posibilidad de eso puede ser realidad, pero tenemos que ajustarnos a las nuevas maneras. No sólo beneficia a una persona sino también a la familia entera. Un salario en oficina puede ser más que 5, 10 o más familiares - ¿Qué no vale la pena? Para aquellos que son nuevos en este mundo de viajes y oficinas, hay conversaciones familiares que deben tener. Respiren hondo. Y hablen con sus familias claramente, sin tapujos. Para los que contratan talento de otras partes, aguanten un poco porque tenemos una conversación familiar que coordinar.

No volví a quedarme en el este de Los Ángeles, aunque siempre recordaré mi primer viaje de negocios. Ningún hotel lujoso, solo una humilde camioneta, un humilde tío dispuesto a ser mi chofer, un sofá y unos padres que abrieron los ojos a algo diferente porque un ser humano increíble les hizo ver que su hija era capaz.

Los no creyentes

¿Qué más sabes hacer? Esto me lo preguntó a los 19 años un gerente como último recurso que quería que siguiera trabajando para él. Quería que tuviera miedo de irme. Me fui de todos modos. Sí, cometí errores, pero aprendí. Con cada experiencia adquirí más confianza y aprendía más cosas. Desarrollé un profundo conocimiento de lo que me gustaba y de lo que no me gustaba, de lo que quería hacer más y de lo que no quería hacer. Sólo conoces lo que has experimentado. La única manera de saber si algo te gusta o no es si lo has probado. Puede que aún no lo sepas, pero ten la confianza de intentar y busca esas respuestas.

Mi respuesta a los 19 años al gerente que intentó retenerme, bueno, le dije la verdad. "No sé lo que voy hacer, pero voy a estar bien." Hay veces que uno tiene que escuchar esa vocecita en la cabeza. Y si se siente bien, hazlo, venga lo venga. Lo que te gusta puede sorprenderte a ti y ... a todos los demás.

¿Compradora de camión yo?

Tenía 19 años y hacia cualquier trabajo que me dieran. Fui agente de compras, directora de oficina, encargada de conseguir donas, lo que fuera necesario en una empresa de cubículos de oficina en Silicon Valley. No tenía experiencia en esta industria. Nadie la tenía realmente. La tecnología de computadoras era nueva y el área estaba creciendo. Mi trabajo consistía en asegurarme de que la producción tuviera todos los materiales necesarios para construir cubículos que funcionaran para los nuevos técnicos del área.

Nuestro equipo era pequeño, se hacía lo necesario para cumplir los plazos de entrega comprometidos, y una de esas necesidades era coordinar la entrega de cubículos a las numerosas empresas tecnológicas que surgían en el valle. Como resultado, no podíamos con la gran demanda de oficinas. Los camiones que subcontratábamos no estaban disponibles para las fechas necesarias. Era el momento. Teníamos que comprar nuestro propio camión. Bueno, para hacer cubículos había que saber cuánta madera comprar para los escritorios, cuánta pintura hacía falta para que los armarios quedaran brillantes y una cuenta exacta de tornillos para que no se rompieran- eso todo lo aprendí. Matemáticas a fuerza. Como compraba los tornillos, era lógico que me pusieran en el punto de la compra de un camión ¿no? Comprar es comprar, pero yo estaba muy estresada por dentro. Aun así, sin saber dije que sí.

No sabía nada sobre la compra de vehículos. La verdad es que tenía una vieja y oxidada camioneta Chevy de 600 dólares estacionada afuera. Cuando volteaba el volante hacia músculos en los brazos. No sabía nada de camiones, pero alguien tenía que hacerlo. Y así el proyecto fue mío. A los 19 años, compré un camión de 18 ruedas de más de 100,000 dólares para nuestra empresa. Me hicieron preguntas de las que no sabía nada, pero aprendí cosas diferentes y nuevas (y eso que no había Google). Y en poco tiempo un brillante camión nuevo de 18 ruedas apareció en los muelles de nuestro almacén. Yo lo hice. Yo lo aprendí.

Ese año, mi vieja y oxidada camioneta Chevy pasó a manos de un familiar y yo también compré mi primer carro nuevo. Nadie en mi familia había tenido nunca un carro nuevo. No tenemos que conocer el trabajo de un todo a todo. Sólo tenemos que querer hacerlo y aprender lo que se necesita. Si te interesa, di que sí, aunque no lo hayas hecho nunca … aprenderás. El hecho de que nadie lo haya hecho no significa que TÚ no puedas ser el primero.

¿Y saben qué? Acabé en una de esas empresas bonitas de tecnología en el valle unos años después ... sentada en uno de esos cubículos.

Entrar a la tecnología

Se podría pensar que mi entrada en el mundo de la tecnología estaba bien pensada. Un plan específico para entrar un día a este ambiente. No, en absoluto. La experiencia que había adquirido de joven me ayudó a prepararme para este camino. Tenía los fundamentos necesarios para empezar ... el resto dependía de mí. Trabajé duro y dejé que los demás me guiaran.

¿Qué, qué? – lo acepto”

Tenía 23 años y acababa de dejar un ambiente de trabajo muy tóxico en la industria de cubículos de oficina y necesitaba dinero. No existían Google ni LinkedIn, sino que dependíamos de amigos y agencias para que nos ayudaran a encontrar trabajo. Tuve una entrevista telefónica con una de esas agencias y mi teléfono tenía muy mala recepción. ¿Se acuerdan de los teléfonos con cable? Ese era el mío, y el cable no servía. Pero así con mala recepción seguí con la llamada. Dijeron que había un trabajo haciendo esto y aquello y lo otro en una empresa de “arena.” Bueno eso es lo que oí. En inglés arena se dice sand. A pesar de la “media” recepción, la conversación se sintió muy bien.

Los dos estuvimos de acuerdo en que esto podría funcionar, pensé en mi cabeza, voy a entrar en la industria de materiales. ¿Arena? Unos días después empecé el trabajo. Había oído hablar de sand o arena en mi línea telefónica, pero cuando llegué resultó ser una empresa de sound que quiere decir en inglés sonido. Era una empresa de sonido para computadoras. ¿Computadoras? Pero no corrí. Me iba a adaptar como había hecho con todo lo demás en mi vida hasta ese momento; era un trabajo después de todo. Además, el ambiente desde el principio se sentía bien. Seguí mi instinto y me dejé llevar por la corriente. Ese fue mi comienzo en la industria de computadoras del Silicon Valley.

Mi experiencia no era 100% perfecta y no sabía mucho del producto específicamente. De hecho, ni siquiera había terminado la universidad porque no había tiempo ni dinero para hacerlo. No sabía nada de tecnología o computadoras. Lo que sí sabía es que este no era un trabajo de médico o de abogado; no era necesario saber el trabajo en detalle. Las cosas que querían que hiciera, las podía hacer, y el reclutador tenía una buena corazonada, y yo también. Hice muchas preguntas y fui muy curiosa y me adapté a medida que el negocio se adaptaba. "Adaptar" es la palabra clave. La tecnología cambia constantemente; si hay un sector que cambia constantemente, es éste. No hay que saber el trabajo exacto porque el producto cambia día a día. Lo que importa es preguntarse si pueden adaptarse. TU CORAZONADA es lo que vale - escúchala. A veces lo único que necesitas es un buen sentimiento mutuo. Llevo décadas en esta industria. He visto cómo las computadoras pasaban del tamaño de una nevera a caber en la mano de uno. He visto cajas con tecnología que antes llenaban los pasillos de las tiendas transformarse en nubes y servicios. Si ese día hubiera escuchado la conversación clara sin problemas de teléfono, creo que hubiera dicho que no. Me habría metido en la cabeza lo que no tenía en vez de enfocarme en lo que si tenía. ¡GANAS!

Lección aprendida. ¿Fue el destino? Tal vez. Con este trabajo, rompí el ciclo de pobreza de mi familia y espero que otros aprendan de mi experiencia y cambien sus vidas y las de las generaciones que vengan después. Arena, sand, sonido, sound - todo es la mismo si trabajas duro.

La vida va rápido y nosotros también. Puede que pasemos toda nuestra vida ignorando el significado de lo que sentimos por dentro y de lo que nos rodea. Ignoramos nuestro corazón, e incluso ignoramos los mensajes en nuestra cara que se ponen delante de nosotros una y otra vez. Nos movemos tan rápido que no paramos hasta que un día no tenemos más remedio que parar y ver.

El níspero y la escalera

Perdimos a mi tío Julián hace unos años. Era un núcleo importante de nuestra familia. De hecho, cuando mi padre murió, fue la primera persona a la que llamé, así de importante era. Cuando éramos niños, vivíamos muy cerca de su casa. Con sus nueve hijos y una puerta abierta, su casa siempre estaba viva. Se sentía la vida. Cuando alguien necesitaba algo, simplemente aparecíamos y él con puerta abierta nos dejaba entrar. A mi padre le encantaba visitar. Y nunca aparecía sin un regalo. Aunque fuera simple. Entre nuestras casas, convenientemente situada, había una pequeña tienda "The Little Store." Por unas pocas monedas, papá se llenaba los bolsillos con docenas de dulces de un centavo, que era el regalo para los niños de la familia. Lo hacía tan a menudo que aprendí a no llegar nunca a ningún sitio sin regalo.

Después de repartir los dulces, todos jugábamos alrededor del gran árbol de nísperos situado justo a la entrada de su casa. Ese árbol era la base de nuestros muchos juegos inventados. Era la base de la familia. Los años pasaron como lo saben hacer. Y el día de su entierro, yo estaba tan ocupada, del tipo de ocupada que apenas podía respirar. Ni siquiera tuve tiempo de comprar flores. No podía creer que en este día tan importante fuera a llegar con las manos vacías. El viaje hasta allí fue incómodo y lo único que pensaba era que no tenía flores que llevar, nada. Con las cosas de la vida ni siquiera pude reservar unos minutos para conseguir un último regalo para mi tío. Seguí conduciendo.

Acompañada de mi prima y mi hermano nos dirigimos en el coche al funeral con las manos vacías. Les comenté lo mal que me sentía. Seguimos el camino. Al acercarnos, decidí mirar a un lado de la carretera. Reduje la velocidad. Por la esquina de mi ojo, ¿Qué creen que vi? No lo podía creer. ¿Era el níspero más grande del mundo, justo ahí, en medio de un campo vacío? Nunca me había fijado en él. Nunca lo había visto.

Paramos y salimos del carro. Abrí la cajuela y agarré las bolsas. ¿De dónde salieron esas bolsas? Las agarramos y corrimos hacia el árbol, ¡era enorme! Demasiado grande para que pudiéramos alcanzar cualquier rama. ¿Y ahora qué? Miramos a nuestro alrededor y, ¿podrías creer que en el suelo había una escalera? Una escalera y un níspero, ¡eso es todo lo que había! ¿Eh? Exactamente lo que necesitábamos. Sentí que algo mágico acababa de suceder. Me asustó un poco.

Subimos la escalera, llenamos las bolsas de ramas y ramas con fruta y nos dirigimos al funeral. Había suficientes ramas de níspero para todos. En el entierro hubo música, amigos y familia, con un toque de nuestro pasado. Ofrecimos las ramas a quien necesitaba algo para dar a mi tío, comimos la fruta y, con su cuerpo presente, contamos historias de tiempos que ahora eran sólo recuerdos hermosos del pasado. Mi tío estaba en paz. Creo que papá también tuvo algo que ver en la orquestación de este último regalo. Mi papá y sus regalos …

Ese día aprendí que el universo nos da regalos. Regalos de momentos, de puertas abiertas, de gente buena, de nísperos, de escaleras, de lecciones, de tiempo e incluso de dulces: todo es mágico. A veces nos movemos demasiado rápido para notar esta magia. Bajemos la velocidad. Mira a tu alrededor. Observa los regalos. Los signos. Tal vez siempre habían estado ahí, pero nunca nos habíamos dado cuenta.

El guaje

Las señales están a nuestro alrededor, sólo tenemos que ir más despacio y prestar atención para verlas; este es ese momento y esta es mi historia. Cuando mi padre vivía, se comía las semillas del interior de las hojas de este árbol. En español se llama "guaje." "Es un árbol campestre y yo lo había visto típicamente en los bordes de los caminos y en lugares rurales. Enterré este detalle de mi padre el día que lo enterramos a él. He visitado la tumba de mi padre durante casi 30 años, y nunca me había dado cuenta de que al lado de su tumba estaba el árbol de "guaje" más grande que había visto, era 30 veces más grande que cualquiera que recuerdo haber visto. ¿Cómo se me había pasado? Llevo 30 años visitando su tumba.

¿No había mirado nunca hacia arriba, había estado allí todo el tiempo? Tenía que haber estado ahí. Aquel día me arrodillé junto a la tumba de mi padre y miré el gran árbol sin parpadear. Estaba perpleja, pero allí estaba: grande, bonito, brillante y justo a mi lado. Me puse a llorar. ¿Por qué no lo había visto? ¿Por qué nunca me di cuenta? Era tan hermoso y significativo. Era real.

Las señales existen, están a nuestro alrededor. A veces no las vemos, pero siempre han estado ahí. Esperan el momento adecuado, quizás la quietud, el silencio y el estado mental adecuado para que no tengamos otra explicación más que aceptarlo. Lo entiendo, lo veo. Lo creo.

Un paso

Crecí frente a un río. Este río era básicamente la "alberca" de todos los niños del vecindario y la niñera convenientemente situada de nuestros padres. Cuando el agua estaba alta, lo utilizábamos para practicar saltar piedras. Soy una buena saltadora de piedras. También recogíamos ranas chiquitas, y las poníamos en vasos para nuestros padres, pero cuando el agua estaba baja, nos aventurábamos en el río para encontrar hoyos de agua que podíamos usar como alberca personal para refrescarnos en los días calientes del verano.

En uno de esos calurosos días de verano, mi hermano Carlos y yo bajamos corriendo al arroyo y encontramos uno de estos hoyos. Él tenía unos cinco años y yo siete. El agujero no podía tener más de un metro de ancho. Él se metió y en pocos segundos estaba tomando agua y moviendo desesperadamente las manos de un lado a otro. Entre tragos de agua sucia del río, logró gritar mi nombre "Martha, Martha." Se estaba ahogando. Estaba perdiendo a mi hermano rápidamente. ¿Qué hago, qué hago? Me entró el pánico y no sé cómo lo hice, pero lo saqué. Desde ese día le tengo miedo al agua.

A lo largo de mi vida, he tenido la gran suerte de viajar a playas increíbles, de estar en lugares con albercas increíbles. Estoy muy agradecida, pero en estos lugares increíbles siempre me mantenía alejada de cualquier cosa que fuera agua. Bromeaba para cubrir mi miedo y usaba la excusa de "soy una lagartija de tierra", y me sentaba en mi silla a escuchar las risas de las que nunca formé parte. Me preguntaba: ¿cuántas veces más iba a perderme esto, ¿cuántas oportunidades tendría con estos increíbles seres humanos para reír y formar parte de ellos?

No hace mucho, me tomé unos días de descanso para hacer una pequeña pausa. Nos fuimos a un lugar con una alberca muy bonita. Mis hijas y yo nos dirigimos a la alberca y, para su sorpresa, en lugar de sentarme y hacer las cosas que hacen los "lagartijas de tierra", me quedé de pie en los escalones a la orilla del agua. Respire profundo. Mis hijas estaban un poco confundidas del por qué estaba parada allí en el agua. No sé por qué lo dije, pero dije: ¿Qué hago? Supongo que necesitaba que me aseguraran que "me tenían." Lo que escuché a continuación fue exactamente lo que necesitaba escuchar. Oí unas palabras muy sencillas: DA UN PASO, TE TENEMOS - eso es todo, sólo hay que dar: un paso. Y me tenían.

Una de mis hijas me tomó de la mano y la otra se puso delante de mí, y así fue como di mi primer paso en algo que había estado evitando la mayor parte de mi vida. Al principio se rieron nerviosamente, yo también, pero en pocos minutos estaba disfrutando de este momento. Pasé el tiempo más increíble con mis hijas durante este día de pausa. Nos reímos como en ningún otro momento y sí, lo hicimos en el agua. Nunca sabemos por qué la gente hace y no hace las cosas. La vida es corta, el mañana no está prometido. El miedo puede impedirte aprovechar oportunidades increíbles: da un paso. Sólo un paso a la vez. Es más fácil dar un paso cuando los demás te tienen a ti. Hacer una pausa es algo bueno. Ríe, ríe, ríe en cualquier momento que puedas.

La realidad

Detrás de la sonrisa - una reflexión general

Sonrío. Sonrío mucho. ¿Por qué? Bueno, estoy agradecida por supuesto, pero la verdad es que es bonito tener dientes. Cada vez que alguien ha felicitado mi sonrisa, pienso en silencio: "si supieran." Bueno, ¿y si lo saben?

El pueblo en el que nací no tenía agua potable, la única fuente de agua era un río y también era la "bañera" de todos. También era el lugar donde la gente lavaba los pañales, por donde pasaban los animales ... no es de extrañar que algunos de los habitantes del pueblo ocultaban sus sonrisas. Agachaban su cabeza cuando se reían o ponían la palma de la mano sobre la boca para esconder su realidad. Sonreír era un recordatorio de las condiciones de la realidad que vivían. Yo también vivía allí. Vivíamos y sobrevivíamos con agua contaminada. La falta de color de los dientes, la falta de dientes equivalía a una falta de confianza. ¿Era este mi futuro, ya que así es como empecé mi vida?

Cuando llegamos a los Estados Unidos, la única casa que podíamos pagar costaba 90 dólares al mes. No tenía lavadero de manos en el cuarto de baño, lo que dificultaba las tareas diarias de limpieza de los dientes y, al no tener seguro, los dientes eran lo último en la lista, ¡¡¡PERO por fin teníamos una buena agua!!!! Y una manguera verde afuera también. Íbamos progresando.

Mis padres conseguían trabajo, pero sin seguro dental en ninguno de ellos. Tuve que ser yo. Con mi primer seguro de trabajo comencé el proceso de poner mis dientes en orden. Los había salvado. Estaba agradecida por ese seguro, algo que muchos niños sin recursos no tienen el privilegio de tener. Mi sonrisa se hacía cada vez más grande.

Si ves a los adultos, a los niños con oro o plata en los dientes, sin dientes, sin sonreír, o con las palmas de las manos tapando la risa, debes saber que puede haber una historia. Siempre la hay. Sé amable.

Si ves a alguien que sonríe de oreja a oreja, eso es gratitud, y es la prueba de que alguien se siente muy, muy bendecido por haber tenido la oportunidad de SONREÍR, así que sonríe tú también. Si ofrecen trabajo y ofrecen beneficios para atraer a candidatos, deben de saber que va más allá de las donas y el café gratis. No están vendiendo seguro dental, están vendiendo sonrisas. Están vendiendo confianza. Están cambiando vidas. El lugar en el que empiezas no dicta dónde acabas. Yo soy la prueba de eso.

Esto no es Bakersfield

Cuando era niña, las únicas vacaciones que recuerdo eran subirnos a nuestra camioneta "station wagon" sin aire acondicionado (sin cinturón de seguridad) y hacer el viaje al centro de California durante el fin de semana. Estas "vacaciones" solían ser con un calor de más de cien, ya que era cuando las frutas y verduras estaban listas para ser recogidas. Mi familia trabajaba principalmente en la agricultura: cerezas, naranjas, zanahorias.

Recuerdo perfectamente a una niña de unos cuatro años sentada en el suelo comiendo zanahorias. Eran directamente de la tierra, y todas enredadas en lo que parecía ser una especie de ramo. Su cara estaba manchada de tierra por el polvo que la rodeaba. Sus pies descalzos sucios por el suelo que pisaba. En las casas de todas las familias también hacía calor, no había aire acondicionado, pero corríamos, nos ensuciábamos y jugábamos hasta el cansancio. Nuestras caras estaban manchadas de tierra y nuestras barrigas llenas de zanahorias.

Estas eran mis vacaciones. Suciedad, calor, sin aire acondicionado, familia, fruta, verduras ... no conocía nada diferente. Ahora que soy mayor me siento asombrada de lo lejos que podemos llegar. Espero que esa niña que se sentaba en el suelo con la cara manchada de tierra, comiendo zanahorias, esté sentada en algún lugar tomando una taza de café y apreciando la vida y lo lejos que ha llegado.

Hablar Y Creer

Es difícil hablar de lo que nos avergüenza, pero a veces es necesario. Nunca supe que hablar crudamente de mi historia sería la llave sanadora que abriría no solo la creencia en mí misma sino la creencia en algo más grande.

Lecciones de Charlie Chaplin

HABLAR - "Cuando se callaba, todo el mundo se reía; cuando hablaba, todo el mundo se callaba." Crecí en un pequeño pueblo llamado Niles. Niles era el Hollywood original a principios de los años 1900. El cine mudo en blanco y negro estaba de moda: Charlie Chaplin era su estrella más famosa. Sin embargo, con la nueva tecnología, el sonido entraba a la escena. ¿Cómo sonaría si Charlie hablara? En 1940, Charlie tuvo la oportunidad de demostrarlo. El mundo estaba intrigado.

En su primera película con sonido, "El Gran Dictador", interpretó a un barbero que se parece al líder no tan querido. Ese líder no tan querido tenía que dar un discurso. Todos podemos imaginar cuál sería ese discurso. Con la confusión, recibe la presión del compañero que está a su lado. Este humilde barbero (Charlie) es empujado a levantarse y hablar. Un hombre a su lado le dice: "Debes hablar". Él respondió: "No puedo". El hombre dijo: "Debes, eres nuestra única esperanza". "Charlie dijo una palabra, "ESPERANZA," y se acercó al micrófono y comenzó. Aprovechó este momento único en la vida (tal vez para la película, tal vez para el mundo) para decir palabras sobre la paz, la bondad y la humanidad. En ese momento, Charlie demostró que no sólo era un tipo que solo hacia películas mudas y payasadas, sino que era un ser humano con una plataforma y una oportunidad. Con palabras, podía dar esperanza.

Su discurso, que tiene más de 80 años, sigue siendo relevante hoy en día. La bondad sigue siendo relevante hoy en día. La paz sigue siendo relevante hoy en día. La humanidad sigue siendo relevante hoy en día. Nunca conocí el poder de la voz hasta que guardé silencio durante la mayor parte de mi vida. No es la cantidad de veces que se habla, sino la calidad de las palabras que se usan. Usa tu poder, tu oportunidad, tu voz para el bien. Y punto. El bien siempre es calidad.

Creer

Nunca pensé que las historias de mi vida pudieran ayudar a otros. Durante décadas consideré que mis historias eran vergonzosas, porque ¿quién habla de haber sido pasada de contrabando y no tener papeles en la oficina? Pero he tenido la suerte de estar en lugares de trabajo donde tengo oficina. Estoy orgullosa de esos lugares, de esas oficinas y me apuntaba para ser guía del lugar durante mi hora de almuerzo.

Un día, en una de esas visitas, vino a nuestra empresa un grupo de niños de los pueblos agrícolas de los alrededores, y yo era su guía. Les mostré los hermosos edificios, las bonitas salas de conferencias e incluso la cancha de baloncesto que había entre los edificios. Uno de los muchachos miró a su alrededor y, con lágrimas en los ojos, me dijo: "Esto es bonito, pero los muchachos como yo no podemos estar en lugares como este". Él no sabía que yo no era sólo un guía, sino que yo trabajaba allí también. Tenía que hablar. Yo era él. Esa fue la primera vez que hablé de mi verdadera historia, de dónde venía, y no escondí nada. Aunque llevaba décadas trabajando en estos increíbles lugares, fue en ese momento donde dejé a lado mi vergüenza y la convertí en esperanza. Los muchachos como él, sí podían estar allí, y yo era la prueba.

Unos meses después, me llegó otra oportunidad. Llevaba más de 15 años en Adobe (la empresa de

Photoshop). La empresa envió un mensaje pidiendo historias de diversidad para tener la oportunidad de hablar en el escenario frente a 1,200 líderes de Adobe. Unos pocos serían seleccionados; Adobe tiene 25,000 empleados, ¿qué posibilidades hay? Todo lo que necesitaban era unas breves palabras del por qué tu historia valía la pena. Unas breves palabras se oían bastante fácil, pero esto no era una plática de negocios. Estas palabras serían una admisión de lo que nadie sabía de mí. Buscaban una historia de vida. ¿VIDA? Pensé de inmediato, si conocieran mi vida. Los pensamientos negativos sobre mi pasado me silenciaron y no les mandé mis palabras. Pasaron los días y no podía dejar de pensar en la oportunidad. Siempre había querido estar en un escenario, durante décadas había visto a innumerables motivadores, artistas, y ejecutivos hacer fantásticas presentaciones en esos escenarios. Siempre me sentaba entre el público preguntándome ¿Será que yo puedo? De inmediato empezaba la plática negativa en mi cabeza. No, claro que no puedes. No eres lo suficientemente bonita, delgada, inteligente, educada, vienes de una choza de tierra, eras indocumentada, eras pobre, te echaron de la escuela, no tenía por qué soñar con estar jamás en un escenario.

Pero ese sueño me gustaba. El plazo de la posible oportunidad se acercaba y les conté mi situación a un par de amigas. Como muchas de las personas buenas de mi vida que alguna vez me empujaron hacia adelante, ellas también me animaron. También pensé en mis dos hijas y en el consejo que les daría si hubiera una oportunidad para el sueño de ellas, en ese preciso momento mandé unas palabras sobre mi historia. Mi "admisión". Esperé. Pasaron unos meses. Recibí un correo electrónico que decía "Has sido elegida".

¿Qué he hecho? Todavía podía echarme atrás. Respirando profundamente, acepté lo que tenía delante y, aunque me daba miedo y era algo de lo que me habían dicho que no debía hablar, iba a hablar.

¿Qué iba a decir? ¿Todo? ¿Iba a esconder algo? El proceso de escritura comenzó. No puedo decir cuántas veces lloré durante este proceso, pero poco a poco el llanto se convirtió en fuerza. Mi historia no era una historia de vergüenza; mi historia era de esperanza. Sólo que entonces, yo no lo sabía.

Tuve un par de meses para practicar. El proceso de escribir la historia fue difícil; ¿qué se queda, qué se va? Este proceso de dar sentido a mi propia vida fue increíblemente una terapia para mí. También fue increíblemente estresante, tenía que caber la historia de mi vida, en unos pocos minutos. ¡Minutos! Llevaba 46 años de vida, ¿cómo iba a meter todo eso en unos minutos? Seguí trabajando. Escribiendo y reescribiendo. Una vez que me sentía medio decente con la historia escrita, ahora tenía que sacar las palabras de mi cuerpo, las palabras que nunca había pronunciado y hacerlo delante de algunas de las personas más inteligentes que conocía. Busqué ayuda en todas partes. Tenía que hacerlo. No sabía nada. ¿Qué hacemos cuando no sabemos nada? Sí, YOUTUBE. También leí libros. Busqué opiniones de gente que conocía bien y de gente que apenas me conocía. Necesitaba que la historia tuviera sentido para el mayor número de personas posible. Uno de los mejores consejos fue el de un completo desconocido. Me dijo: "Habla con el corazón". "El CORAZÓN era un concepto que entendía. Durante este tiempo, también recibí el regalo de un increíble entrenador de oratoria de mi empresa. Su nombre es Jason. Tenía experiencia y hablaba a miles de personas todo el tiempo. No se parecía en nada a mí, pero no importaba. Fue paciente y me guió de una manera que entendía. Me dijo: respira, bebe agua, habla en español. Me dio una última bendición y con dos palabras creyó que mi historia era lo mejor que podía ser. Me dijo: "ESTÁS LISTA". Yo también creía que estaba preparada. Jason no sólo era un entrenador, sino también un creyente en mí. Todos necesitamos creyentes. Ese día cambió mi vida. Dije mi verdad frente a 1,200 profesionales increíbles de la industria de computadoras. El mero mero encargado de la compañía estaba justo al frente mío. Mi familia estaba sentada junto a él. Mi madre también se sentó allí, con lágrimas en los ojos vio a la niña que una vez escondió, de pie allí con la blusa más rosada y brillante que puedas imaginar, haciendo exactamente lo que temía toda su vida - HABLAR.

El riesgo de mamá de dejar "El otro lado" había valido la pena. Ese día, cada palabra que pronuncié se desprendió de mi cuerpo, como si la vergüenza se despegara de mi corazón. No me escondía, no podía esconderme. No me callaba. Ahora todos sabían quién era yo. También ese día, el encargado de la compañía vino a felicitarme. También abrazó a mi madre. Ella no tenía ni idea de quién era, pero, como hacen muchos latinos, lo abrazó. No tengo una foto de eso, pero es una imagen en mi mente que nunca olvidaré. Esta fue una imagen de humanidad. Han pasado varios años y no he dejado de hablar ni de escribir. Ambas cosas no las había hecho nunca. A los 46 años, había encontrado una pasión por la esperanza con las palabras. Estaba aprendiendo cosas nuevas y me gustaba. No hubiese sido capaz de escribir mis historias tan abiertamente sin sentirme segura, sin sentir miedo. Sentirse segura, sin miedo es muy importante. Tampoco sería capaz de creer en mí misma sin la incesante creencia en mí de los demás. Mis creyentes siempre me han empujado hacia adelante.

Aunque he tenido una combinación de personas negativas y positivas en mi vida. Me atrajo lo positivo como un imán. ¿A quién no? Lo positivo se siente bien. Trato de prestar más atención a las palabras positivas frente a las negativas; esta proporción es importante. Sé bueno con frecuencia y también di a los demás palabras positivas frecuentemente. Esto es especialmente importante en comunidades donde el amor expresado con palabras no forma parte de nuestra vida diaria. Aunque muchos han visto valor en mí, no fue hasta que yo lo creí que yo misma me sentí valiosa y que todo cambió. Recuerdo que unos días después de contar mi historia, un joven llamado Martín quiso conocerme. Acepté. Cuando lo vi, se le llenaron los ojos de lágrimas y cuando me abrazó, estaba temblando. Procedimos a tomar un café y me dijo lo impactante que fue para él verme en un gran escenario del Silicon Valley. No tenía ni idea de que ese sería el principio de muchas conversaciones, de muchas charlas que tendría con gente como Martín. Era adictivo que la gente creyera que ellos también podían ser más grandes, mejores, y que podían hacerlo todo sin esconder quien eran. Esto es esperanza. Mi historia dejó de ser sobre mí y se convirtió en una historia para los demás. No podía renunciar a los demás. Seguí hablando, hablando, y escribiendo. Lo bueno estaba por todas partes y podía sentirlo.

Creía en lo que decía porque me había pasado a mí. Era la verdad. Era la prueba en vida de que era posible; de que de dónde veníamos era sólo eso: de dónde veníamos. Que con gente buena podemos soñar en grande y que grande era una posibilidad. Que, a pesar de los obstáculos, nosotros también podíamos estar ahí.

Martín, procedió a mostrarme un pasaje de un libro durante el café ese día. Irónicamente este pasaje se llamaba TU HISTORIA. ¿En serio? Me lo leyó. El creía que nuestro encuentro no era una coincidencia. Dijo que era Dios. ¿Hablando de Dios en la oficina? Sí. Yo tenía mis reservas y experiencias creyendo en Dios, así que el hecho de que me dijera esto me dejó confundida. Con tantos obstáculos en mi vida, francamente a veces uno tiene sus dudas. Cuando le mencioné esta duda, no me juzgó. Me dijo: "Está bien, sólo sé que Dios es bueno". El bien y el ser bueno eran conceptos que yo podía entender. Yo creo en lo bueno y en el bien. Era adictivo buscarle el BIEN a todo y así empecé a ver interconexiones con todas las personas que había conocido, con todo lo que había hecho y con todo lo que había sucedido.

El bien es real. Gracias, Martín. Soy creyente. Sea lo que sea en lo que creas. Dios, Dioses, Creador, Ángeles, Espíritu, Guías, Místico, Espíritu Santo, Universo, Piedras, Extraterrestres - todo es BUENO. Sólo que seas realmente tú, seas amable y seas bueno o buena con los demás. Hay millones de historias que nunca hemos escuchado que son "Del otro lado". Son importantes porque son la VERDAD. Si no conocemos la verdad, ¿cómo podremos arreglar el problema?

Me llamo Martha, soy una inmigrante mexicana. Mis padres querían una vida mejor para mí, y no fue fácil, pero con gente buena lo logré. Paz, amor, humanidad y oportunidad para todos.

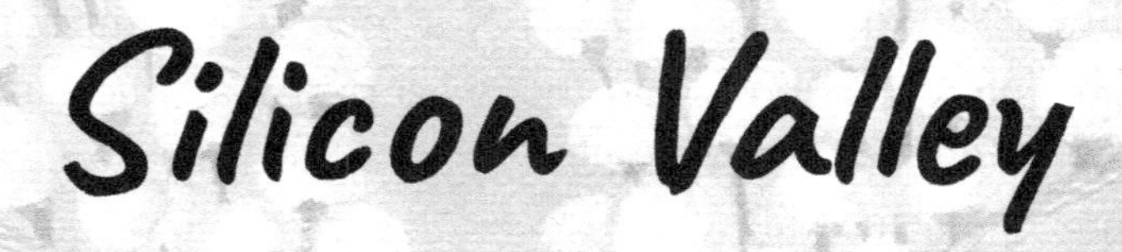

[SILICON VALLEY] SUSTANTIVO

la zona del norte de California, al suroeste de San Francisco, en la región del valle de Santa Clara, donde se concentran muchas de las empresas de alta tecnología.

El Otro Lado

He vivido del otro lado
donde los seres queridos se despedían.
He vivido del otro lado
donde, a pesar de intentarlo, me caía.
He vivido del otro lado
donde no había palabras amables.
He vivido del otro lado
donde me decían: "no hables".

He vivido del otro lado
donde un mundo mejor era un sueño.
He vivido del otro lado
donde un trabajo no valía el empeño.
He vivido del otro lado donde con sacrificios vivía.
He vivido del otro lado donde la casa no era mía.

He salido del otro lado
recibida con esperanza y abrazos.
He salido del otro lado
con sonrisas con amor sin rechazos.
He salido del otro lado
preparada para demostrar lo que tengo.
He salido del otro lado
con ayuda me sostengo.
He salido del otro lado
sin olvidar el pasado.
He salido del otro lado
con gente buena lo he logrado.

Martha Niño Rodriguez

Autora

Martha Niño Rodríguez es una profesional latina de la industria del Silicon Valley, nacida en México y con más de 20 años de experiencia. Forma parte de los pocos latinos en esta industria. En sus palabras, "necesitamos más". Siempre le han fascinado los oradores, los motivadores y el escenario. Nunca pensó que un día tendría la oportunidad de subirse ella misma a uno. Su oportunidad llegó y fue el destino. Con la ayuda de muchos creyentes, contó su historia por primera vez sin esconder nada y desde entonces no ha dejado de hablar, motivar y escribir. Su historia no era una historia convencional del Silicon Valley, era la historia de una niña que entró de contrabando a los Estados Unidos pasando por la hija de una extraña, de cómo vivió en la pobreza, cómo fue expulsada de la escuela, cómo su padre murió, y cómo a pesar de todos los obstáculos en su vida, con gente buena ahora tiene una vida mejor. Su camino hacia el Silicon Valley no fue una línea recta, no podía serlo -sin dinero y sin orientación educativa- las probabilidades de éxito eran bajas. Ella venció las probabilidades. Con sus historias y reflexiones sobre sus experiencias vividas, espera que otros crean que también pueden vencer las suyas. También espera que otros puedan ver el valor de los niños y las comunidades de bajos recursos y consideren la historia de los millones de seres humanos sin voz; una historia que viene "Del otro lado".

Made in the USA
Monee, IL
24 May 2023